Giorgio Vigliada

Il mistero della grafologia

Giorgio Vigliada

Il mistero della grafologia

Edizioni Sant'Antonio

Cover image: www.ingimage.com

Publisher:
Edizioni Accademiche Italiane
is a trademark of
Dodo Books Indian Ocean Ltd., member of the OmniScriptum S.R.L Publishing group
str. A.Russo 15, of. 61, Chisinau-2068, Republic of Moldova Europe
Printed at: see last page
ISBN: 978-613-8-39406-8

A mia moglie Jole,
mia guida di pensiero
e di azione.

INDICE

PREMESSA: L'INCONTRO

Il Convento era buio, come buia era la sera lasciata dietro il portone.

Lui sorridente, mi aprì una porta di una sala disadorna con numerose sedie appoggiate alle pareti.

"Così Lei ama studiare la Grafologia?"

La parola "ama" la trovai esatta nei miei confronti.

L'incontro casuale con un manuale di grafologia, mi aveva trasportato in un mondo misterioso, ma trasparente.

Facendo poi ricerche continue, verifiche, la mia curiosità mia aveva spinto sempre oltre e ora, l'incontro con il più grande Maestro italiano di Grafologia: Padre Girolamo Moretti.

Il suo sorriso aveva fatto sparire il mio deferente timore.

Gli parlai delle mie intuizioni grafologiche.

Si fece attento e mi narrò il suo stesso percorso, iniziato nell'agosto del 1905, quando si accorse delle sue capacità in merito all'esame della scrittura.

Capì subito che il suo intento era quello di "fare del bene".

Io avrei voluto parlare dei suoi libri, delle sue intuizioni, ma Padre Moretti preferì soffermarsi in merito ai miei studi e le mie metodologie di indagini grafologiche.

Le sue domande mi fecero intuire che aveva intuito tutto di me.

Purtroppo i miei studi, presso la Facoltà di Economia ad Ancona, cessarono l'anno dopo a causa della soppressione dei Corsi Estivi.

Seppi -poi- della sua morte, avvenuta il 24 luglio 1963.

Padre Moretti mi aveva lasciato una testimonianza di umiltà e di saggezza.

Con quel ricordo ho continuato a procedere nelle mie ricerche grafologiche, dirette esclusivamente a "fare del bene".

CAPITOLO PRIMO
IN ATTESA DI UNA VISITA

"Nessuno di noi domina la memoria, è la memoria a dominarci. Non possiamo dimenticare: noi siamo la sostanza della memoria, siamo le immagini, i dettagli, le sequenze che si affollano nella mente e che chiamiamo passato, ecco che cosa siamo."

Sally Beauman – "L'Angelo caduto"

Era sera, era buio. Aveva piovuto e faceva freddo.

Tutte premesse per restare rigido, seduto, davanti al computer acceso.

Avevo scritto il titolo, l'indice, ma il titolo rimaneva lì solitario sullo schermo davanti a me e mi guardava assente.

Erano passati mesi, libri e appunti, ma tutti erano rimasti solitari. Ammucchiati sul tavolo vicino a me.

Era difficile poter trasmettere il tutto con semplicità e chiarezza, dato l'argomento.

La mia mente era lucida, ma il mio braccio destro, le mie dita rimanevano inattive.

Mi alzai e guardai dalla finestra le nuvole, ancora presenti, nere come il mio pessimismo.

Mi sovvenne quanto aveva confessato a se stesso lo scrittore portoghese Fernando Pessoa quando aveva scritto nel suo testo: "Il libro dell'inquietudine":

"Scrivo indugiando sulle parole come a davanti a vetrine che non vedo, e sono mezzi-sensi, quasi espressioni ciò che mi testa: come colori di stoffe che non ho decifrato, armonie esibite composte da chissà quali oggetti.

Scrivo cullandomi come una madre pazza che culla un figlio morto."

In quel momento mi sentivo come Pessoa: "cullato", ma -

viceversa- cullato dal mio figlio morto o-meglio- morente.

La grafologia è un mistero risolvibile, ma chiede, oltre alla passione e allo studio, una luminosità intuitiva.

La vita e la morte si rincorrono nelle evidenze delle realtà che ci circondano.

Lo scopo del mio libro deve essere quello di portare ad una nuova possibilità intuitiva-scientifica, con il preciso scopo di voler introdurre una nuova innovativa possibilità di Analisi grafologica, basata sullo studio dei precedenti analoghi scrittori.

UNA INDAGINE GRAFOLOGICA

Il Testo è il seguente:

"Volete esaminare una pagina di un documento redatto tramite una Penna stilografica, allora improvvisatevi come un indagatore, chiamato sulla scena di un delitto.

Tutti gli elementi -per una indagine- li avete sotto i vostri occhi: un foglio scritto, zeppo di frasi, parole, virgole, punti e spazi.

La presunta vittima non la conoscete, ma lo scritto presenta tutto il passato ed il presente della persona in esame.

Il primo aiuto viene dato dall'esame degli spazi ripetuti nello stesso scritto e poi- se siete fortunati- da una eventuale firma al termine dello scritto.

Inoltre, ricordatevi che avete dei testimoni e dei complici, nascosti fra le singole parole.

Una lettera che può fornire un aiuto immediato è la lettera **o**, la troverete sparsa ovunque.

Questa è una lettera che può apparire esteriormente “ambigua”; fa credere di esprimere: affettività, espansione, orgoglio, ma invece è il segno che più si diverte nel voler apparire e nascondere l’essenza del suo significato. “Appaio, ma non sono!”

Io-questa lettera- l’ho voluta chiamare: “La lettera propulsiva”, perché è capace di imporre alle altre lettere la propria capacità di far progredire -nel bene o nel male- la forza misteriosamente intrinseca della personalità dello scrivente. “ Se amo seduco, se odio anniento!”

Nello scorrere delle frasi si possono scorgere altri due personaggi significativi.

Questi personaggi sono due lettere imparentate fra loro, ma completamente diverse per quanto riguarda il loro significato grafologico.

Queste due lettere sono la lettera **a** e la lettera **u**, completa una, incompleta l’altra.

La lettera **a** si adagia, quasi indifferente, nel suo modo di apparire: sicura, posata, unita con i suoi ricci iniziali e finali, al fine di poter appagare la completezza della frase.

La lettera **a** è una lettera possessiva, come se volesse dichiarare: “Io scrivo per apparire. Io esisto per comunicare quello che faccio credere di essere.”

Questa lettera ha un solo “nemico”: la lettera **u**; lettera incompleta, indesiderata, fastidiosa, sia nello scrivere che nel volerla pronunciare.

Le sue “gambette” sembrano delle “manine”, protese verso l’alto, quasi per chiedere -in una supplica inespressa- un po' di compressione.

Questa lettera è per il Grafologo un aiuto costante; le sue “manine” regolano la distanza mentale fra la trascrizione e la realizzazione effettiva della scrittura, smaschera il gioco perverso delle lettere **a-e- o**.

L'unica lettera che attesta un aiuto costante all'indagine è la lettera **m**, estranea alle vicende intime dell'io, ha un solo obbligo: quello dei collegamenti fra le varie lettere.

Questa lettera conosce e sa tutto e condiziona i movimenti calligrafici, a seconda dell'Onda" grafologica che impernia tutta la scrittura.

Esaminati -così- i testimoni, scoperti i complici, l'esame grafologico è così completo.

Sta poi, all'indagatore rivelare la verità alla presunta "vittima".

Tutte queste considerazioni mi apparivano adatte allo scopo che mi ero prefisso e che volevo proseguire nel mio Studio:

"INDAGARE I MISTERI DELLA GRAFOLOGIA"

Per iniziare è necessario iniziare con delle

CONSIDERAZIONI INTRODUTTIVE

precisando -perciò- i due fattori principali:

Il "Simbolismo": "Nella logica, l'uso dei simboli o dei segni in generale ha un significato protettivo". (Dizionario di filosofia – Edizioni Rizzoli).

La "Grafologia" è la Scienza che rivela il carattere, attraverso i segni della Scrittura.

(Grafologia Scientifica – Raimondo Astillero).

Da queste due citazioni, riportate in modo semplicistico, si può ottenere una interpretazione distorta di una delle tante manifestazioni di comportamento con un eventuale errore di interpretazione.

Il Simbolismo non ha e non può avere un significato protettivo, anzi è un modo usuale di comportamento, attraverso simboli rituali della nostra Società.

L'uomo ha bisogno di far partecipare agli altri il proprio stato d'animo e sentire le eventuali reciproche interazioni.

E' solamente ed unicamente dovuto al singolo egoismo l'incapacità di interpretare i messaggi ricevuti, classificando con superficialità ogni manifestazione espressiva con il termine ermetico di "Simbolista".

Identica constatazione si può fare alla definizione di "Grafologia", comunemente accettata dalla maggior parte degli studiosi di grafologia.

Delimitando la definizione usuale di detta Scienza- si limita l'amplissimo campo di applicazione della Grafologia che non deve essere limitata all'accertamento qualitativo del carattere del soggetto in esame.

Queste considerazioni nascono dal continuo esame delle procedure di Analisi grafologica.

In tal modo si è riscontrato che il modo di "essere" nel suo divenire tende ad espandere la volontà di conoscere -il più possibile- la propria identità nascosta, perché la scrittura permette di essere indagata totalmente, senza riserve e il limite è solamente quello relativo alle proprietà conoscitive della realtà scientifica.

Il filosofo Anassagora lo dichiara esplicitamente: "Tutto è in tutto".

L'uomo, nel suo inconscio espressivo, non riesce a nascondere nulla ed il suo comportamento sociologico è solamente dovuto ad un "rito atavico protettivo".

Accettando così la definizione di Anassagora, possiamo anche affermare che se “il tutto è in tutto” anche “il tutto è in tutti noi”.

“Noi siamo gli eredi dei nostri Antenati e -nel contempo- saremo la totale eredità dei nostri Posteri”.

Questa descrizione sociologica risulta insufficiente per poter definire il “nostro Futuro”.

Occorre usufruire delle indicazioni suggerite dalla Teoria “olistica”:

“Teorema secondo il quale le proprietà di un sistema non possono essere spiegate esclusivamente tramite le sue singole componenti, perciò la sommatoria è la stessa sommatoria delle parti ed è sempre maggiore delle medesime parti prese singolarmente.”

Mediante la Ontologia, un concetto più facile da esemplificare che da definire, si arriva ad esprimere la tesi, secondo la quale: “La totalità è più della somma delle parti”.

Ovvero: la somma di tutte le esperienze inconsce ereditate è equivalente alle esperienze del singolo individuo che superano, per l’aggiunta della psiche formativa, la “somma” di tutte le esperienze, già acquisite nel trascorso.

Ciò premesso, si possono fare delle considerazioni preliminari.

Al centro dello Studio della Grafologia vi è la ricerca intimistica dell’uomo che cerca sempre la propria felicità, come oggetto di ogni fine ed è con la “Significazione” (Il valore comunicativo insito in una espressione linguistica o in un comportamento o in un gesto) che l’uomo manifesta il proprio messaggio idealistico, mediante la scritturazione simbolica di “Segni”.

L’uomo -pertanto- cerca di connettere il mondo invisibile al proprio interno con il mondo visibile esterno, mediante la creazione di immagini simboliche.

Creando questa visione onirica, l’uomo si paragona come a una stella galattica, la cui massa interna è costituita dalla eredità originaria del nucleo formativo, trattenuto – nell'intimo- dalla propria coscienza, i riti, i tabù, l'educazione e da altre manifestazioni innate, che sono come i "raggi di luce" che appaiono all'esterno come simboli del comportamento umano, quali: il linguaggio, la scrittura e la musica.

Tutto ciò per poter ottenere due precisi scopi: l'amore e la considerazione.

Però esiste una difficoltà primaria per raggiungere questi scopi: è che "Ognuno vede quel che tu pari, pochi sento quel che tu sei" ("Il Principe" di Machiavelli).

Da questa difficoltà iniziale nasce la ricerca intima di conoscere e di voler superare le barriere inconsce, esistenti fra individuo ed individuo.

Solamente interpretando i sistemi di significazione dei segni, attraverso i quali gli esseri umani comunicano o tentano di comunicare (Semiologia- la Teoria generale dei segni e che studia il rapporto tra i segni e gli oggetti), mettendo in rapporto le relazioni esistenti fra espressioni linguistiche, la loro possibilità di comunicazione (Semantica), la effettiva realizzazione della comunicazione (Semiotica -la Scienza generale dei segni). Si ottiene un significato espressivo. L'uomo così realizza la possibilità del confronto, essenziale nel voler posizionare il proprio "io" con la realtà che lo circonda.

Purtroppo questa volontà conoscitiva contrasta con una dura realtà: il forte ostacolo egoistico del proprio comportamento umano nei confronti della realtà che lo circonda (Solipsismo – ogni interesse è accentrato su di sé e tutto il resto viene ignorato).

Questo comportamento è una forma di negazione del rapporto empatico umano nella vita quotidiana.

In tal modo si nega la validità di ogni forma conoscitiva altruistica umana, rifiutando, con timore, anche la validità della ricerca grafologica.

Proprio con la nascita del segno che nasce il concetto storico di civiltà.

L'uomo cominciò a concepire il significato "storico" della propria presenza, attraverso la concezione "deistica" della vita e della morte.

La Storia divenne "carattere" ed il "carattere" permise di identificare l'uomo tramite la "Teoria dei ruoli".

Il "simbolo" trasformò il linguaggio in memoria e la memoria generò la scrittura.

L'"essere" divenne "divenire" ed il "divenire" divenne Storia.

L'uomo cominciò a capire che era membro di una Società ("Interazione simbolica") ed i Segni erano la manifestazione esterna della propria realtà evolutiva. La scrittura cominciò ad essere scienza: i Geroglifici.

L'uomo cominciò ad interpretare ciò che scriveva. Era il potere della parola impresso nella scrittura!

L'uomo cominciò a disporre gli elementi simbolici della scrittura all'interno di un proprio campo visivo.

L'uomo -per necessità- cominciò ad analizzare lo spazio necessario per la scrittura, trasferibile su ogni oggetto comunicativo.

Analizzare significa esaminare ed esaminare vuol dire "indagare" e -da quel momento- si può affermare che nacque la "Scienza grafologica".

Tutto ciò premesso si può procedere ad un semplice approccio dello studio della Grafologia affrontando un metodo particolare, basato principalmente su alcuni "segni" basilari, adatti ad indicare nuove metodologie innovative.

Un Metodo nuovo è quello chiamato della “Additività”, con questo Metodo si definisce il fatto che, se più caratteri grafologici seguono lo stesso criterio di analisi, la “somma” delle considerazioni finali formerà un “carattere definitivo”.

Questo Carattere definitivo sarà composto da tutti quei valori che daranno un unico risultato, rappresentativo dell’intera scrittura (Composizione equilibrata).

Di conseguenza, si può affermare che l’esame analitico di un segno grafologico è rappresentato anche da elementi eterogenei, inerenti lo stesso segno (Sincretismo grafologico).

Tale procedimento deve essere usufruito con parsimonia ed oculatezza, al fine che l’analisi grafologica non si “infittisca” di considerazioni troppo vaghe o completamente errate.

In questo momento procedurale bisogna tenere conto di una massima dell’Avventuriero Cagliostro: “Sum qui sum – sono per gli altri ciò che voglio io.”

Tutti si pongono inconsciamente la stessa posizione espositiva, ritenendola sia difensiva che offensiva.

Questo atteggiamento è l’atteggiamento primario che confluisce nella stessa scrittura e non facilita -logicamente- un fruttuoso esame grafologico.

ALCUNI METODI DI INDAGINE

Affrontando un esame grafologico è essenziale individuare primariamente alcuni segni “chiave”, indi passare alla scelta della lettera “chiave” -ricordando sempre le prerogative della **lettera ”o propulsivo**”- sarà opportuno ricercare il più piccolo ed il più grande dei valori espressivi come valori indicativi, rivelando -così- i reciproci "valori estremi".

Questo procedimento potrà rappresentare il "valore modale" per programmare lo sviluppo dei segni interconnessi con detto valore.

A tal fine bisognerà valutare il "Campo di variazione" fra lo scarto fra il più grande ed il più piccolo dei valori così osservati, perché sarà questo "campo di variazione" a segnalare il divario esistente fra le grandezze qualitative relative inerenti le sensazioni degli stati d'animo e delle passioni più sottili, riguardante la persona in esame.

Anche se – in seguito – nell'ambito dello sviluppo dell'esame, si dovesse riscontrare

altri "Segni chiave", non si dovrà mai dimenticare che -fra carattere e carattere

esista sempre un grado di dipendenza (Associazione) che non dovrà mai essere sottovalutato.

Occorre anche ricordare che la scrittura è simile al sistema arterioso e venoso del corpo umano e trasporta -nel suo flusso- tutti gli avvenimenti, relativi al passato, al presente ed alle prospettive per il futuro.

La scrittura -come il corpo umano- non dimentica!

La stessa scrittura, nel suo archivio storico, mantiene un archivio memonico.

Una specie di diario costantemente aggiornato sugli avvenimenti di qualsiasi natura psicologica.

La stessa frequenza dello scrivere porterà a costruire una attenzione di ricerca nei confronti della propria personalità

La penna, la carta, l'inchiostro saranno utili per appropriarsi di una sicurezza espressiva, delegata ad altri sistemi comunicativi.

"Imparerai a tue spese che, nel lungo tragitto della vita, incontrerai tante maschere e pochi volti."

Luigi Pirandello "Sei personaggi in cerca d'autore"

Pirandello ha definito -in una frase sintetica, ma precisa: un incontro costante dell'uomo, nel corso della sua vita, quello con le "Maschere".

L'uomo stesso è una "Maschera" che tenta di nascondere la propria "recitazione", dietro alla propria "Maschera", temendo di essere "rapinati" della propria identità,

così faticosamente nascosta.

La Grafologia -come Scienza- parla alle orecchie degli uomini ed al loro animo; però questa confidenza umanitaria fa nascere in alcuni: la diffidenza, la paura che qualcuno possa aver scoperto il proprio segreto intimo.

La Grafologia è verità, ma la verità può rendere liberi se essa stessa viene confidata alla persona interessata al suo stesso esame grafologico?

Ognuno, a questa domanda sarà libero di rispondere.

Credere o non credere? A lui la decisione, ma avrà finalmente la possibilità di togliere dal suo viso la "Maschera" della schiavitù emotiva.

A questo punto il lettore si porrà la domanda: ma che cosa è questa grafologia?

Una delle possibili risposte potrà essere questa:

"La grafologia è la ricerca della propria coscienza nella superficialità di alcune fondamentali scelte di vita".

La Grafologia esprime un rapporto fra due identità reali: il mondo interno ed il mondo esterno.

L'individuo -nello scrivere- esprime un rapporto dissimulato, sotto un rivestimento inconscio di certezze- presunte reali- in un mondo circostante, formato da rapporti sociali in costante evoluzione.

In questa situazione la persona congela i propri sentimenti, in attesa di avere una possibilità di manifestare il proprio valore, sia affettivo che lavorativo.

E' proprio questo processo mentale che continuamente coinvolge o sconvolge le motivazioni naturali dell'**io inconscio**", stabilendo delle regole comportamentali che vengono subite, mediante alcuni processi conoscitivi di analisi temporali.

Tutto nasce da una continua attenta analisi da parte del Cervello, sempre vigilante.

Questa è la "legge generale del movimento" che collega il mondo esterno con il mondo interno.

Ciò che sembra apparente è -invece- un continuo riflesso intellettuale del proprio Cervello.

Tutto questo viene generato da quei basilari concetti, formatisi nella prima infanzia.

Però in quel momento nasce nell'individuo un concetto nuovo: quello della paura reale e vengono individuate le situazioni -eventualmente incognite- perciò pericolose: gli sconosciuti, il buio, il freddo, la fame, la violenza fisica, la violenza psicologica e la paura di un futuro immanente.

L'inconscio, di fronte a queste situazioni, non ama dare risposte dirette e solamente la scrittura del soggetto, avendo registrato tutti questi stati d'ansia, può rappresentare l'atlante emotivo delle realtà inconsce.

Per tali motivi l'esame grafologico cerca di rilevare la conoscenza dei propri limiti e dare in modo di poterli comprendere ed adattarli e confrontarli con la propria realtà umana, convincendosi che tutte le persone sono le conseguenze delle rispettive decisioni.

La scrittura rileva le proprie ansietà, condizionate da una unica energia genetica che appare in una precisa lettera particolare, questa lettera è stata da me denominata:

“o propulsivo”

La lettera “o” è come una piccola scintilla che accentra e sviluppa tutto il comportamento grafologico.

E’ una lettera, che come un asse centrale rotativo coinvolge l’andamento di tutta la scrittura.

E’ una “o” pensante che nasce da un retaggio ancestrale, concepito nel rapporto fetale fra madre e figlio.

Questa lettera -così insita- diventa quel fattore che riesce a comunicare sia con il mondo reale esterno e sia con il mondo gestante interno, rafforzando continuamente la propria forza vitale.

Nel suo evolversi, appena potrà comunicare con il mondo esterno, dovrà scontrarsi con il mondo reale che attende questa nuova presenza vitale.

Fra queste continue comunicazioni l’**io** si espande in senso positivo, dato che le “onde cerebrali” trasmettono incessantemente dei messaggi comunicativi che in seguito si riscontreranno nella scrittura.

Queste onde si potranno riscontrare in un rapporto fra la grandezza del foglio e la stessa scrittura.

A questo punto nasce spontanea una domanda: “che cosa sono le “onde cerebrali”?

Le onde cerebrali sono il risultato di una attività elettrica ritmica del tessuto nervoso, prodotto dallo stesso sistema nervoso centrale.

Le onde cerebrali sono registrabili tramite l’elettroencefalogramma che produce un tracciato grafico che evidenzia l'attività elettrica del cervello, suddivisa in cinque tipi di onde: gamma, beta, alfa, delta e theta.

Per lo studio della grafologia è interessante il comportamento delle onde theta e la sua stessa scrittura.

Nel 1600 il fisico e matematico olandese Christian Huyghens, studiando il movimento di due pendole adiacenti, osservò come il loro movimento si sincronizzava reciprocamente (fenomeno della risonanza).

Tutto ciò avviene anche nella scrittura, dove la scrittura si trasmette da singola lettera alla lettera adiacente e così per tutto il percorso dello scritto (onda da onda).

In fisica, il movimento ondulatorio è stato quantificato tramite l'"equazione delle onde" e in grafologia lo si può chiamare "Entropia grafologica".

Entropia, ma che cosa è l'entropia?

L'entropia è il passaggio da uno stato fisico ad un altro, mediante la comunicazione termodinamica tra un dato elemento ed un altro.

La generatrice di questo movimento osmotico è la stessa mente umana che opera e genera flussi di energia, sotto forma di rappresentazioni (ricordi di immagini).

Tra gli anni dieci e gli anni trenta dello scorso secolo si sviluppò in Germania la "Psicologia della Gestalt"(dal tedesco "Gestaltpsychologie-Psicologia della forma), portando una particolare attenzione verso gli "aspetti fenomenici della percezione".

La percezione è il processo psichico che opera la sintesi dei dati sensoriali, provenienti da forme dotate di significato e - per tale motivo- la Grafologica è una Scienza percettiva.

Le percezioni visive si riscontrano nell'esame grafologico

attraverso i seguenti fattori della scrittura:

1) Forma: la struttura percepita è sempre più semplice o più complessa.

2) Prossimità: le lettere sono raggruppate in funzione dell'ampiezza del foglio.

3) Somiglianza: lettere simili.

4) Continuità: scrittura lineare.

5) Destino comune: le lettere sono in movimento, eventualmente raggruppate con uno spostamento coerente.

Con questi fattori l'Analisi grafologica porterà ad una considerazione finale:

"Il tutto è diverso dalla somma delle sue parti", allo stesso modo in cui le caratteristiche di una società non corrispondono a quelle degli individui che la costituiscono.

La stessa Fisica quantistica ha intuito che noi siamo in grado, con le nostre emozioni ed i nostri pensieri, di influenzare e modificare permanentemente il DNA delle nostre cellule.

Il nostro organismo, espressione fisica del nostro DNA, è influenzato dal nostro mondo interiore e dal mondo esterno.

La Fisica moderna ha dimostrato che tutto l'Universo è costituito da una fitta rete di comunicazione.

Per tale motivo l'immagine quantistica della realtà dipende in parte dall'osservatore che come uno specchio riflette le proiezioni della nostra mente.

Queste considerazioni nascono da una recente scoperta da parte di alcuni scienziati italiani: "I Neuroni a specchio".

I NEURONI A SPECCHIO

Tra gli anni ottanta e novanta del secolo scorso, un gruppo di Ricercatori dell'Università di Parma (coordinati dal Professore Giacomo Rizzolati: Luciano Fadiga, Leonardo Fogassi, Vittorio Gallese e Giuseppe Di Pellegrino), osservando i comportamenti della corteccia del cervello e specialmente il processo di trasmissione del segnale elettrico da un neurone all'altro (Sinapsi), intuirono che neuroni, appartenenti a regioni del cervello diverse, generano potenziali azioni in risposta a stimoli diversi (tattili, acustici, ecc.)

Gli esperimenti avviati dalla Professoressa Laica Grighero (Università di Ferrara) e dal Professore Luciano Fadiga (Università di Parma) hanno portato ad un risultato sorprendente:" che l'ascolto di parole faccia venire in mente l'azione di pronunciarle, attivando i neuroni deputati alla programmazione del movimento fonatorio corrispondente, i quali, a loro volta, attivano i neuroni della corteccia, i quali sono i motori primari che ne consentono l'esecuzione".

Questa intuizione scientifica risulta essere essenziale nella Ricerca grafologica.

Per analogia, si può dedurre che il comportamento susseguente alla formazione linguistica, possa essere la stesura della Scrittura.

I suoni labiali corrispondono ai segni dell'alfabeto.

Allora la domanda diventa questa: da dove nasce questa necessità intuitiva di voler e poter comunicare?

Nel capitolo del suo libro: "Neuroni specchio- vedere è fare", dedicato alle "Conclusioni". La Professoressa Craighero fa delle considerazioni interessanti per lo studio formativo della grafologia: "I bambini ancora prima di nascere pianificano il movimento", "I neonati non vogliono annoiarsi”.

A tale proposito il Professore Caes von Hofsten, uno dei massimi esperto al Mondo di sviluppo motorio, è uno strenuo sostenitore dell’idea che il comportamento dei neonati non sia casuale, ma rifletta il perseguimento di uno scopo.

Queste osservazioni ci portano -quindi- a ipotizzare che l’instaurarsi dell’associazione tra diverse modalità, probabilmente ha origine già dalla vita intrauterina a partire della contingenza che si stabilisce tra l’esecuzione di azioni e la percezione delle informazioni sensoriali da esse determinate.

Il Professore Marco Iacoboni, neuroscienziato all’Università di Los Angeles, nel suo libro: “I neuroni specchio – come copiamo ciò che fanno gli altri”, al Capitolo “Specchi in frantumi” riporta i risultati di una ricerca effettuata a Montreal da un Gruppo guidato da Hugo Thèoret, mediante l’impiego dell’elettroencefalografia (EEG) per esaminare il sistema di neuroni specchio in bambini adulti.

Questo Studio si basa su un fenomeno chiamato: “Ritmo Mu”.

“Il Ritmo Mu è l’espressione dell’attività elettrica oscillatoria che può essere registrata sulle regioni motorie del Cervello”.

Molte ricerche recenti hanno confermato il rapporto formativo -nell’utero- fra il feto e la madre gestante.

La comunicazione risulta intensa, al fine di mantenere un dialogo costante della madre con il nascituro.

Il sonoro ondulatorio ripetitivo viene trasmesso tramite le reciproche onde cerebrali.

Il suono comunicativo e rassicurante è assimilabile a quello della “OM” che si ritroverà nei primi momenti -dopo la nascita- fra il bambino e la madre.

L’”OM” avrà un suono reciprocamente rassicurante.

Questo termine vocale (“OM”), può essere considerato come uno fra i simboli Indù più antichi e conosciuti.

Il suono richiama quello dell'origine della vita.

Per gli Indù questo suono incarna lo stesso suono originario della Creazione dell'Universo.

Per coloro che utilizzano il Mantra ("OM"), tramite la recitazione, sia uditiva che mentale, c'è la credenza di ottenere un apporto benefico psico-fisico.

Tra i più importanti risultati che si possono avere:

1) Rilassa la mente,
2) Limita gli stati ansiosi,
3) Facilita la gestione delle emozioni,
4) Stimola la visione positiva della vita.

Questo comportamento viene evidenziato in psicologia con il termine. "Resilienza".

La Resilienza indica la capacità di affrontare in modo positivo eventuali eventi traumatici, specialmente nei bambini.

Questo concetto può essere valido sia per la singola persona che per una intera Comunità (Attentati terroristici, Pandemia, Sopraffazione etnica).

La Poetessa Alda Merini, nata a Milano il 21 marzo 1931 e ivi morta il 1° novembre 2009, subì una violenza, tale violenza debilitò la sua vita, portandola persino a frequenti ricoveri, presso Case di cura.

Trovò il suo "OM" nella stesura di numerose poesie, fra le quali -la più significativa- è quella con il nome: "Sono nata il ventuno a Primavera" e che inizia così:

“Sono nata il ventuno a Primavera
Ma non sapevo che nascere folle,
aprire le zolle
potesse scatenare tempesta”.

Questo Personaggio e il modo con cui ha affrontato la vita, dimostra che ognuno di noi, nell’ambito delle proprie possibilità ambientali, può utilizzare le proprie capacità intellettive simbolico-razionali, innate nel proprio spirito costruttivo.

Tutto questo in Grafologia è possibile evidenziare, tramite l’esame della collocazione del Punto sulla Lettera **i**, in modo particolare della posizione di un eventuale “cerchietto” posato sulla **i** al posto del puntino finale.

IL CASO DEL CERCHIO SULLA I

La mia attenzione era stata suscitata da una missiva, scritta a mano che mi era pervenuta, al fine di poter esaminare i contenuti “nascosti” della scrittura.

La missiva era di lettura grafologica semplice, però la scrittura era tutta rivolta a “maneggiare” il puntino sulla i.

Il puntino sulla **i** rappresentava un preciso richiamo di attenzione e sembrava far cambiare il precedente “stile” della scrittura: era un evidente “i cerchiato”.

Parafrasando dalla terminologia teatrale, l’**i** cerchiato” è come un “a solo musicale”, dove l’attore e l’attrice manifestano solitari la loro parte in palcoscenico.

In genere è un sentimento nascosto che l’autore della Commedia vuol far rappresentare in modo intenso.

Il problema è capire quale tipo di sentimento deve così apparire. Appunto, quale sentimento?

Nell'uomo questa parola ha infinite sfaccettature.

Prendendo ad esempio alcuni drammi di William Shakespeare, appaiano le rappresentazioni di diversi sentimenti: dall'amore puro di "Romeo e Giulietta" all'amore del potere del "Riccardo terzo" o la gelosia di "Otello".

Specialmente nel suo "Amor profano" il sentimento si professa con sentimenti "puri", però -in seguito- quasi sospettosi di tale purezza.

Nei "I due gentiluomini di Verona" l'Autore fa dire al protagonista Proteo:

"Dolce amore! Dolci parole! Dolce vita! Ecco la scrittura, ambasciatrice del suo cuore."

In questo dialogo è la "Scrittura" che diventa essenziale nel trasporto dei sentimenti.

In seguito, Shakespeare non si fida più della "Scrittura" come apportatrice di sentimenti e fa dire al suo personaggio (Ford), nelle "Allegri comari di Windsor":

"L'amore è come un'ombra che fugge ed insegue quel che fugge".

Però -poi- l'Autore riprende la Scrittura come mezzo di confusione, di ambiguità, di apparenze (identico all''**io** cerchiato" della missiva da me ricevuta) e nella "La dodicesima notte "si burla" (siamo nel 1600), assumendo le vesti di "Grafologo", analizzando (credo per la prima volta nella Storia della Grafologia) le lettere di una missiva (che risulterà poi apocrifa), ricevuta dal malcapitato Malvolio, personaggio in cerca di attenzioni da parte di Olivia, Contessa di Illiria.

Malvolio legge la lettera e commenta in tal modo la scrittura:

"Questa è la scrittura della mia Signora:

ecco la sua **c**, la sua **u** e la sua **l**, e così pure la **p** maiuscola. Senza dubbio è la sua grafia."

Subito dopo Shakespeare si diverte, usando le lettere disponendole in una frase misteriosa:

"M.O.A.I." che ripete in seguito sillabando le singole lettere.

Numerosi Studiosi hanno tentato di intuire il significato di questo messaggio misterioso, ma senza successo.

La mia personale soluzione di questo acrostico potrebbe essere, conoscendo la passione dell'Autore per la lingua latina:

"Malus Opera Ante Incipit – il male opera prima ancora di iniziare".

Perché tale risultato intuitivo? Per primo, l'uso del latino, lingua dei Dotti, per secondo, l'intuizione dell'Autore: la Grafologia, mal interpretata, porta un danno iniziale sia nella mente del grafologo, sia nel pensiero di chi riceve l'analisi della scrittura.

In questo "torneo" di rappresentazioni teatrali si può introdurre la figura appariscente della lettera relativa all'**i** cerchiato".

Come un Attore teatrale questa lettera chiede l'attenzione del lettore, nascondendo la doppiezza del proprio stato d'animo, composto da una apparizione mendace di messaggi corrotti e corruttibili.

Questa scrittura farà apparire una richiesta di attenzione e di una appariscente offerta di felicità, se questa attenzione verrà corrisposta.

E' una lettera che si espone, ma nello stesso tempo, minaccia.

In natura, è simile ad un insetto chiamato "Mantide religiosa". Un insetto che attira il maschio per l'accoppiamento ed al termine dell'atto amoroso, l'uccide e lo divora.

In Grafologia questo puntino rappresenta – uno stato d'animo momentaneo – di richiesta di attenzione, ma sempre con un preciso scopo di appagamento che deve coincidere con le proprie aspettative.

Nell'evoluzione del costume attuale di convivenza sociale si sta dando molta più importanza alla propria visibilità a scapito del proprio riserbo e del limite morale educativo.

La scrittura rispecchia questo stato d'animo e dimostra la difficoltà di gestire sia il mondo del lavoro che quello familiare.

Per tali motivi la lettera "**i** con il cerchietto" è ancora più presente nei confronti del passato, diventando un atteggiamento -nella scrittura- di una manifesta personalità dubbia, ma -specialmente- insoddisfatta di se stessi e degli altri.

LA LETTERA T E LA LATTERA I

DUE LETTERE AMICHE- NEMICHE

Nonostante le continue circostanze avverse, l'Umanità riesce sempre a fronteggiare le contrarietà, fornendo nuove proiezioni tematiche vitali per la propria identità psicologica.

Come già accennato in precedenza, questo comportamento viene denominato: "Resilienza".

In psicologia, la resilienza esprime la capacità di saper fronteggiare eventuali elementi traumatici e di saper nuovamente organizzare la propria vita, affrontando le difficoltà, superandole e mantenendo -nel contempo- la propria identità.

La Grafologia ha già da tempo affrontato nello studio della scrittura- questa situazione esistenziale.

Proprio nella Scrittura si evidenzia questo particolare stato d'animo, dove il "buio" esistenziale circonda la Persona.

Anche il quel momento la Scrittura sembra subire il fascino oscuro del buio e della sua accattivante presunta protezione.

In quel particolare momento è proprio il segno della **t** esprime il punto d'incontro e di riferimento dell'individuo con la sua intima realtà ed il mondo circostante.

In Grafologia ogni singolo segno ha una corrispondente affiliazione con un altro -sito nella stessa parola- esprimendo insieme una forza maggiore di espressività grafologica. Tutto ciò si manifesta, con maggiore evidenza, nei monosillabi: " **ta -to- ti-te**". Il legame della **t** con la **a** sarà maggiormente rafforzativo con le altre lettere (**to-ti**), mentre sarà particolare con la lettera **i**.

L'eventuale contrasto fra le due lettere nasce dal loro reciproco posizionamento: la distanza, permetterà un dialogo di appoggio reciproco; invece il contato "avvinghiante" della lettera **i** porterà ad evidenti contrasti di collegamento con le altre lettere.

In tali situazioni sarà importante osservare il taglio della lettera **t**.

LA GRAFOLOGIA

UNA CONOSCENZA SPECIALISTICA

Risulta importante – a questo punto della Esposizione - fissare una prima considerazione:

"E' il primo sommario sguardo gettato nella Scrittura che porta il grafologo esperto a vedere con immediatezza i segni dominanti che contribuiscono in maniera fondamentale a determinare una personalità grafica."

Una seconda considerazione, da tenere sempre presente, è che "il cammino grafico è sempre -in un certo senso- il cammino della vita".

L'ultima considerazione fondamentale è:

"Il riconoscimento che le nostre idee, il nostro comportamento sociale e le condizioni nelle quali viviamo hanno la possibilità di influenzarsi vicendevolmente, formando un tutt'uno e possono -a sua volta- influenzare i risultati finali di un esame grafologico."

Ciò premesso si può affermare che lo Studio grafologico esplica nel "sensismo" la sua oggettività.

Ogni conoscenza si riduce a sensazioni e ogni funzione dell'**io** è il risultato di un processo delle stesse sensazioni, considerate come manifestazione di un principio prospettivista (ogni essere si costruisce la propria visione del mondo in rapporto ai bisogni vitali).

L'**io** così viene condizionato da una ricerca continua della soluzione dei contrari (Enantiosi) quali -ad esempio- la distinzione del bene dal male.

Tale discernimento viene eseguito dalla propria esperienza che anticipa i dati di valutazione, costruendo una fusione di più dottrine di comportamento (Sincretismo) che riportano nell'Analisi grafologica la complessità del fenomeno feticista, così risultante e dovuto dalle immagini e dalle sensazioni con le quali si è voluto attribuire un valore di qualità della vita.

Un buon grafologo è colui che sa analizzare e -la sua capacità di analizzare- dipende da ciò che ha dentro di sé e -ciò che ha dentro di sé- dipende principalmente dal dialogo che ha con se stesso, assumendo -come concezione guida- il significato "Tantologico" (a una domanda giusta, una risposta giusta) dell'Amore, quale continuo facitore storico degli uomini, nella realtà delle loro relazioni giornaliere con la realtà umana.

Tale preparazione psicologica deve avvenire gradatamente,

mediante il proprio inserimento nella vita sociale, cercando di intendere i segreti, migliorando i costumi e le idee, sperimentando tutto ciò realisticamente in se stessi, educandosi per educare, al fine che non si possa dire: "Il mio popolo perisce per mancanza di conoscenza" (Osea 4,6).

Si deve ricordare che non è sufficiente eseguire una analisi grafologica e spiegare come essa funziona.

Altrettanto importante è dimostrare la propria capacità esplicativa di tale Analisi, in essa è applicata a delle realtà soggettive dell'individuo in esame.

Per tale motivo l'indagine grafologica deve rispondere a tre quesiti:

1) Che cosa si sta tendando di ottenere?
2) Con quali mezzi di analisi possiamo ottenerlo?
3) Una volta acquisito il risultato, come utilizzarlo?

L'origine e lo scopo essenziale della Grafologia vuol essere il perfezionamento della personalità umana, aiutandola ad ottenere rettamente le norme ed i valori della Ragione.

Per ottenere tutto ciò bisogna praticare sincera solidarietà nei confronti dell'esaminando, fuggendo dai facili giudizi.

Il fine unico del risultato di una Analisi grafologica è quello di far sentire il pieno rispetto alla persona umana, rifiutando ogni forma di compiacimento, ridando all'individuo sufficiente consapevolezza della propria personalità.

Una massima di Pascal, noto matematico, filosofo e umanista, potrebbe essere di notevole aiuto nel voler codificare un proprio modello per svolgere l'attività di grafologo:

"E' pericoloso mostrar troppo all'uomo quanto è simile ai bruti, senza mostrargli insieme la sua grandezza.

Egualmente pericoloso è fargli troppo vedere la sua grandezza.

Più pericoloso ancora lasciargli ignorare l'uno e l'altra".

Si dovrà anche diffidare di una facile interpretazione edonistica dei risultati di analisi.

Non è la ricerca del proprio piacere, ma la ricerca dei motivi di una specifica manifestazione dei vari stati d'animo dell'individuo.

Occorre superare anche le varie probabili difficoltà di comunicare da parte della persona stessa che nei casi problematici potrebbe avere degli atteggiamenti di "Anomia" (una condizione in cui un individuo, avendo perso i suoi punti di riferimento tradizionali, tende a sentirsi disorientato) o di "Autismo" (comportamento non più atto a comunicare).

Inoltre bisogna sempre tener presente che l'uomo -per sua natura- è un essere alla ricerca di se stesso e che cerca di realizzarsi a tutti i livelli: nel corpo, nell'anima e nello spirito, nella vita biologica, spirituale e culturale; tutto ciò mediante una sempre maggiore interpretazione di tutti i dinamismi della sua vita cosciente, subcosciente ed inconscia.

L'uomo, in questa aspirazione di conoscenza, è costantemente ostacolato: dalla frustrazione dalla sofferenza che si presenta nell'incontro con gli altri.

L'uomo è un nodo di relazioni verso tutte le direzioni.

L'integrazione con tutti gli impulsi della vita umana, costituisce un processo doloroso e non sempre libero da conflitti e drammi esistenziali.

Però il viaggio più lungo e pericoloso che l'uomo può fare è proprio quello all'interno di se stesso, alla ricerca di un centro direzionale che tutto possa attrarre e armonizzare le possibili decisione da intraprendere.

Questa interessante ricerca di se stessi (Psicologia dei complessi –

Jung) si chiama: processo di individualizzazione.

Alla fine, per l'uomo -tutto si limita- in una ricerca di un "optimum" esistenziale.

Capire gli scopi e i mezzi di questa ricerca sono le finalità della stessa Scienza grafologica.

CENNI DI GRAFOLOGIA APPLICATA

Per accertare il modo di essere spontaneo e naturale della psiche, occorre scrutare il subconscio con indagini che possono dirsi di psicologia naturale, in quanto intese a sorprendere l'"io libero" nelle sue manifestazioni inconsce.

Queste indagini sono esercitate dalla "Grafopsicologia" che ha potuto rilevare un sistema il quale, con l'ausilio della Legge dell'inerzia psichica, la quale regola il flusso ed il reflusso esistente tra conscio e subconscio, nei suoi stati di attività e di riposo, ha consentito, a questa scienza, di svolgere delle indagini feconde di risultati pratici.

Nella storia della scrittura è stato notevolmente importante l'esistenza della evoluzione della "Semiografia" (Scrittura a segni) che si è sviluppata mediante la scrittura veloce (Tachigrafia), diramandosi in un ramo collaterale della scrittura: la Stenografia, inventata da un certo Tirone, segretario di Cicerone che dovendo scrivere -di frequente, sotto dettatura- inventò un particolare modo di accoppiare le parole.

LA SCRITTURA NELLO SPAZIO

Grafologicamente l'uomo si trova -fin dall'inizio- ad affrontare le forme più complesse e coscienti dell'attività linguistica, dato che la scrittura è principalmente una traduzione della scrittura fonetica della parola in un sistema di segni grafici.

Per tale motivo il processo grafico implica una prolungata memorizzazione di simboli grafici (Grafemi) e la loro esatta organizzazione spaziale.

Proprio da questa ricerca di occupazione dello spazio e di come esso venga disposto che nasce il "Simbolo" della scrittura.

Per l'uomo -in tal modo- il foglio di carta rappresenta l'Universo nel quale si deve muovere, coordinando- il proprio comportamento- con il proprio Universo.

In tale modo, l'effetto simbolico, porterà -la destra del foglio- a voler rappresentare il proprio avvenire e la sinistra come ricordi del proprio passato.

La zona superiore della scrittura indicherà le aspirazioni intellettuali e spirituali.

La zona mediana esprimerà i complessi affettivi e la sfera dei sentimenti.

La zona inferiore farà apparire le proprie tendenze materiali, realistiche e sensuali.

Tale metodo iniziale di indagine grafologica lo si può paragonare a ciò che in Analisi matematica si chiama: "Studio dei fenomeni grafici per mezzo degli Assi cartesiani".

Per tale motivo, prima di esaminare una scrittura, si dovrà porre ogni lettera in un immaginario reticolo cartesiano (Nord, Sud, Destra, Sinistra -termini certamente non matematici, ma di più facile interpretazione) e confrontare il tutto con l'ampiezza del foglio. A tale proposito, suggerisco l'uso di un foglio trasparente attrezzato per l'uso grafico.

Tutto ciò potrà definire facilmente l'eventuale grado di scompenso, di pendenza e di evoluzione della scrittura.

Questo esame primordiale determinerà -in modo netto- l'ordine spaziale fra lettera e lettera, fra parola e parola e determinerà -principalmente- "i margini di confine", inerenti i quattro lati del foglio.

Per tale motivo, un primo esame dovrà essere rivolto necessariamente a questo primo contatto di Analisi.

A tale riguardo è di somma importanza tenere presente la seguente considerazione:

"Di tutte le lettere dell'alfabeto, sono relativamente poche quelle (come ad esempio la lettera **o**) in cui manca un orientamento ben preciso nello spazio della scrittura che possano distinguere singolarmente ogni lettera, una dall'altra.

Il loro singolo simbolo non è -quindi- orientato nello Spazio".

TIPOLOGIA GRAFOLOGICA

Dopo queste considerazioni iniziali si può procedere ad una prima analisi dei vari tipi di scrittura così come si possono presentare alla prima osservazione.

L'elencazione seguente è prettamente espositiva, al fine di fornire una visione prospettica dei vari fenomeni grafologici.

Sono la capacità di vedere, di osservare, di intuire che ci porgono il primo aiuto per una Analisi grafologica.

La scrittrice inglese Virginia Woolf -nel suo libro: "Una stanza tutta per sé"- scriveva:

“Leggiamo, accostando alla luce ogni frase, ogni scena, poiché la natura sembrerebbe averci inspiegabilmente dotati di una luce interiore”.

In Psicologia analitica si ricorre al termine: “Fascinosum”, per indicare il carattere con cui qualsiasi oggetto (ad esempio: una scrittura) risulta ignoto, ma si trasforma in una forza attrattiva che affascina l’osservatore del soggetto.

I principi fondamentali che guidano l’esame grafologico, non possono essere il frutto di una chiara e profonda visione a cui è abbinata l’opinione formativa, ondeggiante tra molteplici “fenomeni” grafologici che si presentano all’osservatore.

Tale tipologia la si può rilevare nel seguente modo:

Scrittura angolosa:

Denota: energia, fermezza di carattere, testardaggine, durezza, collera.

Scrittura arrotondata:

Esprime: dolcezza, grazia, pigrizia, bontà, carattere indeciso.

Scrittura movimentata:

Indica: energia, attività, eccitazione, entusiasmo, gaiezza, impressionabilità.

Scrittura leggera:

Sottolinea: delicatezza, imprecisione, sensibilità.

Scrittura grossa:

Denota: materialismo, fermezza. Sensualità.

Scrittura calligrafica:

Esprime: carattere insignificante, insensibilità, cattivo gusto, pretese.

Scrittura tipografica:

Indica: buon gusto, predisposizione all'arte, bontà, praticità, originalità, senso estetico, cultura, fantasia.

Scrittura grande:

Sottolinea: immaginazione, grandi aspirazioni, generosità, collera.

Scrittura piccola:

Denota: minuzia, gaiezza, furberia.

Scrittura larga:

Esprime: generosità, piacere della vita comoda, audacia.

Scrittura stretta:

Indica: egoismo, avarizia, disonestà.

GRAFOLOGIA LOGISTICA

Qualsiasi analisi grafologica deve basarsi su tre fattori comportamentali:

Psicologici, logistici e operativi.

Il risultato finale di tale Analisi risulta essere il prodotto di questi tre fattori.

Questo metodo iniziale comportamentale è simile alla

predisposizione delle cosiddette “Forze in campo” mentali operative.

La logistica è essenziale per ottenere un quadro d’insieme iniziale, dato che il risultato finale, non potrà essere attribuito ad un singolo fattore.

La scrittura -nel suo espandersi- si muove in uno spazio ristretto che condizione lo sviluppo conoscitivo dell’esame grafologico.

La Grafologia continua a persistere nella ricerca della verità, intuita proprio dalla volontà di conoscerla, tramite un ritmo preciso di analisi.

Anche qui i tipi grafologici si possono elencare nei seguenti modi:

Scrittura ascendente:

Sottolinea: ardore, ambizione, coraggio, attività.

Scrittura discendente:

Denota: depressione, sfiducia in se stesso,pigrizia.

Scrittura rettilinea:

Esprime: fermezza, rettitudine, inflessibilità.

Scrittura verticale:

Indica: energia, padronanza di sé, carattere poco socievole, calcolo egoistico.

Scrittura destrorsa:

Sottolinea: altruismo, generosità, attività, cultura, intelligenza, rettitudine.

Scrittura sinistrorsa:

Denota: egoismo, simulazione.

Scrittura legata:

Esprime: praticità, materialismo.

Scrittura staccata:

Indica: intuito, sentimento, idealistico, meticolosità.

ALCUNI SEGNI GRAFOLOGICI SIGNIFICATIVI

La grafologia è una scienza che cerca di capire e capire vuol dire esaminare, saper distinguere e per saper distinguere bisogna conoscere profondamente le lettere dell'Alfabeto, sia nel loro significato palese che quello intrinseco; alcune lettre più dell'altre.

Appare di nuovo la lettera t

Riportando un segno caratteristico, già in precedenza esaminato, si può presentare un elenco significativo della sua rappresentatività. La lettera "t" rivela la volontà di chi scrive.

1) Non tagliata: mancanza di volontà, mollezza.
2) Tagliata normalmente: buona volontà.
3) Tagliata lunga: vivacità, impazienza, focosità verbale.
4) Tagli corti e sottili: volontà debole.
5) Taglio basso: sottomissione.
6) Taglio a mezza altezza: riflessione, costanza.

7) Taglio alto: volontà forte, coraggio.

8) Taglio al di sopra: autorità, comando.

9) Taglio ad arco sopra la "t": volontà opprimente, tirannia.

10) Taglio del tutto indietro: esitazione, paura nel sentimento.

11) Taglio del tutto in avanti: spirito di iniziativa.

12) Taglio ascendente in angolo, dal basso: imbroglione, combattività.

13) Taglio ascendente in linea rigida: litigiosa, indelicata.

14) Tratti discendenti del taglio: testardaggine.

15) Tagli chiusi in basso da un nodo: pazienza, forza di tolleranza.

16) Taglio curvo o concavo: dolcezza, gaiezza.

17) Taglio a laccio: volontà seduttiva.

18) Taglio incorporato: tendenza alla praticità.

LA LETTERA T NELL'ARTE:
il Pittore Edward Hopper

Il Sole intenso occupa tutta la stanza. L'uomo immobile, con una penna in mano, aspetta.

Lo sguardo, perso fra pensieri diversi, percorre- dalla finestra di fronte a lui- le nude case lontane e vicine.

Luce ovunque, ma lo spazio è segnato, come una rete, da un unico segno: "la **t** architettonica".

La composizione del quadro ("Ufficio in una piccola città" – 1953) è tutta impostata su un intersecare di segni riguardanti la lettera **t**.

Il Pittore inconsciamente trasmette nella sua pittura, così come in altri quadri, un segno incombente della sua scrittura personale: il segno della **t**.

“Paura del sentimento -taglio indietro della **t**” : è questo il risultato di un esame grafologico ed è questa paura che rincorre il Pittore, non solamente nei confronti

della realtà che lo circonda, ma anche per un futuro incombente (terrore della morte).

Edward Hopper nasce nel 1882 negli Stati Uniti e da subito dimostra una notevole capacità nel disegno e si iscrive -perciò- alla Scuola d’Arte di new York.

Nel 1906 si reca in Europa per conoscere l’Opera dei Grandi Pittori, residenti a Parigi.

Hopper rientra negli Stati Uniti e disegna illustrazioni per Agenzie pubblicitarie e Riviste; dopo il 1925 si dedicherà solamente ai dipinti ad olio e dipinge quello che gli offre una New York in piena crisi economica (1929): edifici desolati, persone abbandonate a se stesse, in attesa dell’ignoto che -nei suoi quadri sembra sempre rivolto a destra, forse come un motivo di speranza illusoria.

Nei quadri susseguenti le solitudini si cercano, si incontrano, spaventate del loro coraggio.

In tutto questo, la lettera **t** sovrasta sempre: negli angoli, nelle finestre, nei tavoli, nelle case e nelle strade.

Il quadro che rappresenta una realtà desolante per il Pittore, è quello che si percepisce dalla visione di due personaggi anziani, soli in attesa di una paura immanente. Il quadro è intitolato: “Hotel presso la ferrovia” ed è del 1952.

La figura femminile, persa in una sconosciuta sua personale realtà di abbandono, ha un volto quasi sfigurato da un taglio della simbolica **t** che appare in una congiunzione lineare degli occhi socchiusi, con l’incrocio di un lungo espressivo naso appuntito.

La sensazione è di sentire quel taglio simbolico della **t** come l'emblema simbolico del quadro.

Edward Hopper muore a New York il 15 maggio 1967.

Ha lasciato scritto nel 1933:

"Il mio scopo in pittura è sempre stato quello di riuscire a trascrivere il più esattamente possibile le mie più intime impressioni della natura".

Riappare la lettera i

E' interessante notare che fino al quattordicesimo secolo non esistevano i punti sulla **i** e da questa constatazione si è potuto affermare che proprio dalla ricerca del significato della diversa posizione di questo punto che è cominciata l'Analisi grafologica.

Mettere i punti sulla **i** denota accuratezza nella scrittura e quindi, in senso analogico, precisione.

Anche per questa lettera si può constatare un metodo di ricerca:

1) Senza punto: mancanza d'ordine.
2) Molto regolare – centrati: ordinato, cavilloso.
3) Punto spostato a destra: spirito pronto, vivace.
4) Spostato a sinistra: riflessione lenta.
5) Punto alto: esaltazione, immaginazione, idealismo.
6) Punto basso: mente pratica.
7) In forma di accento allungato: natura ardente, passione.
8) In forma di virgola: intelligenza vivace.
9) Punto a forma a cerchio (riassumendo la precedente segnalazione): manifesta una natura ansiosa, sempre alla ricerca della sua "chiarezza".

Tale ansietà è morbosa:

è una forma di richiamo rivolta verso gli altri,

è un desiderio di mettersi in mostra a qualsiasi costo,

è una ricerca di un affetto morboso, possessivo e- nel contempo- di rifiuto che appaia palese agli altri.

Questo segno lo si riscontra spesso negli adolescenti, anche sotto forma di similitudine nei confronti di una scrittura altrui.

Le lettere a - o

Lettere simili nella scrittura, ma non nella sostanza grafologicamente espressiva:

1) Tendenti allo sferico: denotano espansività ed intelligenza.
2) Aperte in alto: impressionabilità.
3) Chiuse: riservatezza.
4) Angolose: ostinazione, suscettibilità.

La lettera g

Questa è la lettera tipica della vita istintiva ed inconscia.

1) Simile al modello scolastico: diligenza e precisione.
2) Asta molto lunga con occhiello molto ampio: azione, forte sensualità.
3) Gamba piegata a sinistra: carattere difficile.
4) Taglio ad angolo: egoismo.
5) Gamba ad un solo tratto: forza intellettuale, desideri celati.
6) Gamba ad asta corta: temperamento rinunciatario.

7) Gamba a finale aperta: insoddisfazione.

LA FIRMA

La Firma -attualmente- sia per la scarsa possibilità di scrivere intensamente e sia per la stessa "meccanizzazione" della corrispondenza usuale essa stessa è diventata un punto centrale per la conoscenza caratteriale della persona.

Per l'esame grafologico la Firma si compone di due parti ed -eventualmente- anche tre: Nome, cognome e paraffo.

La persona, fino a che resta in stretto contatto con il suo "io infantile", scrive il suo nome per esteso.

Nelle scritture odierne si rileva una forte differenza fra la firma ed il testo stesso.

Per tale motivo le differenze appaiono le seguenti:

1) Se la firma risulta essere più grande del testo, chi scrive ha intimamente un sentimento di sé più grande di quello che mostra pubblicamente.

2) Se è più grande il testo, si rileva il contrario.

Molti -nello scrivere- mutilano la loro firma, al punto di renderla irriconoscibile al fine di volersi sottrare -istintivamente più che deliberatamente- alla responsabilità implicita della firma.

Normalmente la firma verrà posizionata a destra e tale posizione corrisponderà ad una motivazione emotiva.

Quanto più la firma si sposterà verso sinistra, tanto più l'inibizione diventerà prepotente.

La Firma posta a metà pagina esprimerà l'atteggiamento del proprio "io" che vuole mettersi al centro della attenzione.

Il Paraffo è un segno supplementare che si appone alla Firma ed esprime una vanità fantasiosa.

Ecco -di seguito- gli esempi più ricorrenti:

1) Firma seguita da un punto: diffidenza.

2) Paraffo con un solo tratto sotto la firma: orgoglio del proprio nome.

3) Paraffo discendente: difesa ed attacco.

4) Paraffo a chiocciola, detto “Cerchio magico”: paura, desiderio egoistico e possessivo dell’affetto altrui.

CONSIDERAZIONI FINALI AL PRIMO CAPITOLO

L'esposizione fin qui svolta ha avuto lo scopo, non solamente quello di introdurre il lettore alla comprensione dei punti elementari della grafologia, ma anche di far intendere le Forze vitali che plasmano la Scrittura e che determinano lo sviluppo degli individui nella Società.

Oggi tale comprensione è sempre più necessaria.

Il disorientamento, l'apatia e -spesso- la disperazione che tormentano gli uomini di ogni condizione sociale, hanno assunto – nel tempo odierno- le dimensioni di una profonda crisi, l'uomo -in questa crisi- vive un tempo di transizione e tenta istintivamente, ogni esperimento psicologico possibile, ma non coinvolgendolo perché gli mancano nuove convinzioni.

Una discontinuità viene avvertita e sofferta principalmente nella propria sfera interiore, provocando una disfunzione di intesa fra il "mondo interiore" e "l'oppressione" del mondo esterno.

Il culto del denaro, in queste condizioni etiche, diventa la forma "perfetta" di religione che invece di aiutare l'uomo a superare la sua incapacità di adattamento lo trascina al "feticismo" più assoluto in un "buio" assoluto composto di tensioni e frustrazioni.

Oggi -più che mai- è necessaria la ricerca dei valori umani nella reciproca conoscenza e nella reciproca comprensione.

La vita diventa realizzabile quando si costruisce un ordine esistenziale ed una articolazione articolata di valori.

Compito della Grafologia è quello di capire meglio se stessi e -di conseguenza- il Prossimo.

CAPITOLO SECONDO

LA VISITA

“Non solo leggere le lettere dell’alfabeto con gli occhi, ma percepire a livello interiore, far sorgere in me un interprete che mi traducesse quanto l’istinto sussurrava senza ricorrere alle parole.”

Gustav Meyrink – “Il Golem”

La pioggia continuava senza sosta a bussare alle mie finestre.

Non amavo la sua compagnia, ma era -forse- l’unica presenza che mi forniva un po’ di attenzione.

Intanto, il computer muto, attendeva,

Lo stavo deludendo.

Uscì dalla stanza, andai in cucina e mi preparai un tè.

Lo versai in una tazza ed il suo calore era l’unica cosa che -in quel momento- mi confortava.

La stanza buia mi attendeva con il solito computer in attesa.

Era ora di ripartire!

Ormai la tazza era vuota, come la mia mente.

Poi, d’un tratto- sentì come una fitta nel mio cervello che mi costrinse a ruotare la testa e lì -nel buio- vidi due grandi occhi scuri che mi scrutavano: vuoti, nell’ombra della sera.

Altro non riuscivo a scorgere.

Certamente, lì con me, c’era qualcuno.

Farfugliai, spaventato: ”Chi sei”?

Gli occhi muti continuavano a guardarmi.

Mi chiesi: “Chi poteva essere? E come mai era lì seduta sulla mia sedia appoggiata al muro, di fronte a me?”

Una voce sottile, ma decisa, mi rispose.

“Ciao, Kerouac!”

Kerouac, chi era costui? Non era certamente il mio nome.

Le risposi: ”Non mi chiamo Kerouac e Tu chi sei?”

La voce -imperterrita- continuò, come in una cantilena.

“La poesia non lo sa:
il condizionatore
disusato d’inverno
è come le mie speranze:
un po' dentro, un po' fuori,
verdi su ruota bianca,
buono solo a gettare
un’ombra lunga
nella livida luce della strada”.

E’ una tua poesia Kerouac. Si chiama: “Speranza” ed io l’adoro!”

Rimasi un po' perplesso, poi -improvvisamente- mi ricordai di una mia recente scoperta letteraria.

Il libro lo avevo trovato casualmente fra i volumi di una libreria.

Mi era parso un testo sconosciuto: il titolo: “Sulla strada”, autore: Jack Kerouac.

Scopri che era un autore americano, nato il 12 marzo 1922 e morto il 21 ottobre 1969.

Il libro, pubblicato nel 1957, era quasi un diario di viaggio, intervallato da numerosi incontri.

Il libro scritto in una prosa che l’Autore l’aveva voluta definire: “una prosa spontanea”.

I numerosi incontri di viaggio erano un susseguirsi di immagini, di analisi profonde di tutte le persone conosciute.

Io -lo Scrittore- lo avevo definito un “grafologo” dell’anima umana.

La “voce” -intanto- aveva continuato a parlare.

“Ora hai ricordato chi sei veramente!”

Io -adesso- avevo ricordato il nome dello Scrittore ed ero un po' preso da questa strana analogia.

Essere paragonato, anzi, identificato con quello scrittore, mi aveva fatto diventare un po' vanitoso.

Decisi -allora- di rimanere ipotetico del mio nome e -allora- chiesi nuovamente: “Chi sei?”

Dopo un attimo di silenzio, l’ombra rispose:

Io sono l’”Amigdala”, la tua paura.

Il mio nome deriva dalla lingua greca e significa: “mandorla”.

Io sono situata nel tuo cervello e sono piccola come una mandorla, ma il potere è enorme.

Io dirigo le tue questioni emozionali e sono anche l’Archivio della tua memoria dei tuoi sentimenti e delle tue passioni.

Io riesco a mantenere il controllo delle tue azioni, prima ancora che la tua Neocorteccia (il cervello pensante) debba impegnarsi in qualche attività.

Io invio tutti i messaggi di intervento a tutte le parti del cervello, quali:

il Sistema cardiovascolare, i muscoli e l’intestino.

Io gestisco la tua ira, la tua rabbia e la tua collera.

Tu conosci, tramite la tua grafologia, il mio fenomeno complesso.

Tu conosci l’espressività delle cosiddette “Lettere taglienti”: il segno **z, l, o** con lo spadino finale, il taglio della **t** e quello più sibillino: il taglio finale della **a**.

Il segno della **z** è il più terribile: occupa -con prepotenza- le congiunzioni con le altre lettere.

La sua posizione grafica rappresenta un contorsionismo di posizioni.

Con i suoi trattini: spinge e respinge ed il suo tratto intermedio, decide il suo posizionamento strategico.

L'**o** finale, con l'allungo finale del suo riccio, dà il segnale della sua aggressività, pronta a colpire. Questo segno è come un pugnale pronto a colpire.

Lui rappresenta l'aggressività umana, un persistente sentimento aggressivo, un odio lucido, un comportamento distruttivo: la Tragedia "Riccardo terzo" di Shakespeare è il comportamento teatrale più palese.

L'aggressività umana è il frutto di una esperienza precedente della propria storia individuale.

Infine, la lettera **t.** Il suo taglio trasversale (presente o assente) indica una proiezione spaziale della propria identità possessiva.

Questa lettera indica il potere dell'individuo di espandere o meno la propria capacità di poter incidere sulla propria o altrui personalità.

Lo spirito aggressivo scatta nell'individuo quando deve confrontarsi con le condizioni conflittuali, nascenti dalle condizioni sociali, culturale ed economiche nelle quali deve sopravvivere e convivere.

La lettera **a** è una lettera ambigua, ha due personalità nascoste.

Può esprimere: lealtà, fedeltà, franchezza, tenerezza ma improvvisamente, tutto si trasforma, perché a decidere il comportamento nascosto è la sua "gambetta" finale.

Anche qui lo "spadino" ha il potere di travolgere il senso inziale del segno: tutto cambia, a secondo della sua collocazione. Apparirà così nuove forme espressive: la collera, la mancanza di disponibilità stimolata dalla frustrazione della mancanza di attenzione degli altri, nei confronti delle proprie capacità ("io vi vedo, ma voi non mi vedete").

Questa insicurezza espressiva e l'impossibilità di affermarsi (sia nel mondo del lavoro che in quello affettivo) generano una intensa affettività difensiva.

A questo punto mi viene in mente una frase dello Scrittore Robert Bly che nel suo libro: "Per diventare uomini", riporta questa frase esplicativa:

"La vita contemporanea, incentrata sugli Affari, lascia lo spazio, solo alle relazioni competitive, dove le emozioni dominanti sono l'ansia, la tensione, la solitudine, la rivalità e la paura."

Dopo di che -improvvisamente- l'Amigdala: tacque.

Poi -d'un tratto- riprese a parlare, sempre a me rivolta.

"Ho deciso di cambiarti nome! Ti voglio chiamare "Sem Benelli!"

Io risposi sorpreso: "Sem Benelli perché questo nome?"

"Perché mi è venuta in mente quando ti sei commosso leggendo questo brano della Sua Commedia: "La cena delle beffe":

"Ahi; che tormento vivere la vita
tremando per il mio stesso tremore!
non aver core!...Non avere Amore!...
non so come non sono morto o pazzo!"

Ora entriamo in un argomento che preferisco: "Che cosa è la pazzia?"

Pazzia, follia, psicopatia? Io preferisco -per essere precisa- di parlare di "Psicopatia" che è un disturbo della personalità che, non integrandosi nella realtà, trasgredisce le norme etiche sociali creando insicurezza e impossibilità di affermarsi.

Allora l'uomo crea un proprio alibi che è un meccanismo difensivo.

L'uomo si allontana dalla realtà, cercando un equilibrio illusorio.

Questa soluzione finale in Grafologia si riscontra nella stesura di uno scarabocchio che esprime il proprio mancato controllo di situazioni emotive travolgenti.

L'Amigdala ancora improvvisamente cessò di parlare al sentire - come me- un soffio, una aria intensa, senza profumi ed improvvisamente esclamò innervosita:

"E' arrivato! Non poteva mancare: è atavicamente sempre presente. Appena io appaio, Lui si presenta.

E' un inopportuno protagonista. Tu te ne accorgerai. Da questo momento, il mio silenzio sarà l'alternativa alla sua presuntuosità!"

Poi, nel buio, sentì questa nuova presenza estranea.

Una voce, con autorità, esclamò:

"Io sono l'Ippocampo!"

Poi, la stessa voce- un po' stridula- continuò:

"Populus me sibilat, at mihi plaudo ipse demi, simul ac nummos contemlor in arca".

Poi ancora la voce-tronfia del suo sapere- riprese, traducendo il latino:

"Il Popolo mi fischia, ma io applaudo da me, a casa mia, quando contemplo le mie ricchezze nello scrigno".

Non sono mie parole, ma del poeta latino Orazio nelle sue "Satire".

Si fermò un attimo come se si fosse fermato a contemplare se stesso, il suo sapere e la sua essenziale presenza.

Poi continuò:

"Io sono l'ippocampo, il mio regno è nel Cervello! Io sono la Tua memoria!

Io immagazzino i ricordi nel Cervello. Sono una elaborazione del bordo della Corteccia cervicale e con essa formo uno strato di neuroni densamente organizzati, formando una struttura simile ad una **s** alfabetica.

In Grafologia – Scienza che Tu ami tanto- sono "la lettera del gusto" e denota intelligenza e attività.

La **S** maiuscola" che sovrasta le altre lettere, dimostra immaginazione, successo acquisito, tramite la propria personalità.

I Neuroni che vengono dedicati alla mia attività, sono numerosi e svolgono il loro impegno creativo tramite impulsi elettrici e segnali chimici che trasmettono le informazioni nelle differenti aree cerebrali.

Come se lo intuissi, la voce di Amigdala volle intervenire, quasi sarcastica.

"I Neuroni", se Tu non avessi i tuoi "Neuroni a specchio", faresti poche cose. La tua memoria avrebbe notevoli difficoltà a riscontrare la realtà da ricordare.

Tu sei obbligato continuamente ad osservare una azione eseguita da un altro soggetto, per poterla sincronizzarla e -dal momento della sua identificazione memonica- si realizza un meccanismo di comprensione delle azioni ed un apprendimento, tramite l'imitazione del comportamento altrui e -se non avessi il mio aiuto- la tua identità risulterebbe scomposta ed il processo neurale, essenziale per la gestione dei rapporti interpersonali, apparirebbe sconclusionato.

La Tua debolezza la si riscontra -come nella cattiva assunzione di ossigeno (Anossia), tipico della Malattia di Alzheimer- nel deficit di memoria e con una lenta "agonia" di ricordi passati, presenti e futuri.

Il Tuo pericolo è proprio nel rischio che il Tuo sistema può incorrere perché sembra troppo perfetto per essere danneggiato ed anche perché Ti manca totalmente la conoscenza delle sofferenze umane.

A quel punto l'Amigdala tacque e rimase in silenzio anche l'Ippocampo.

Ora mi ero formato -tramite il loro dialogare- una concezione precisa delle loro rispettive competenze e delle loro responsabilità in merito al funzionamento del Corpo umano.

L'Amigdala elaborava le Emozioni spiacevoli: la paura e l'ansia, mentre l'Ippocampo rivestiva una notevole importanza nei meccanismi dell'apprendimento, nella memoria e nella fisiologia delle emozioni.

Entrambi i personaggi si trovavano situati nella struttura del sistema limbico.

Era apparsa una nuova parola: "Sistema limbico".

Nel Dizionario medico il Sistema limbico viene definito come il Centro della Funzione gustativa ed olfattiva, ma -oltretutto- svolge un ruolo fondamentale nella fisiologia delle emozioni, dell'affettività e della memoria.

Stando a quanto appreso, parrebbe che l'Amigdala e l'Ippocampo svolgano una attività di semplici "Servitori" che operano nel Cervello.

Ancora ritornava un Tema costante della mia ricerca: il Cervello e le sue manifestazioni grafologiche.

In precedenza, mi aveva colpito la lettura di un libro dal titolo: "2001, Odissea nello Spazio" di Arthur C. Clarke; libro dal quale si era ricavata la Trama per un film omonimo, girato nel 1968 con la regia di Stanley Kubrick.

In quel libro mi aveva colpito un capitolo dal titolo enigmistico:"

Hal”.

Hal -nel racconto- figura essere il “Calcolatore algoritmico euristicamente programmato”.

In sintesi: egli è il “Cervello” con il quale si gestisce una nave spaziale dal nome: “Discovery”.

Gli Astronauti lo chiamano “Calcolatore Hal 900”e lo chiamavano anche colui che “non dormiva mai!”, dato che: “Il suo compito essenziale era quello di controllare i sistemi per il mantenimento della vita”.

Alla fine del libro vi è lo scontro finale fra l’uomo ed il cervello meccanico. Vincerà l’uomo, ma rimarrà decisiva la presa finale del cervello meccanico che dichiarerà:

“Vi sono anni di esperienze incorporate in me, una quantità di fatiche che ha fatto sì che io diventi quel che sono”.

Allora pensai che il nostro cervello poteva essere una realtà distinta dal nostro Corpo, un Ente pensante che costruiva il suo Mondo, attento a tutte le eventuali “disavventure” incontrate dall’uomo nella sua esistenza e che c’era una sola cosa importante: sopravvivere, ma non per il singolo uomo, ma per la sua realtà immanente, opprimente.

Arrivai ad una definizione.

“Il Cervello è una realtà egoistica e opprimente”.

Lui era il “Signore” di miliardi di neutroni.

Lui distribuiva il sapere, la conoscenza.

Lui elaborava i sentimenti.

Tutto questo per mantenere il costante equilibrio, la sua presunta immobilità statica.

In Filosofia -tutto questo- avrebbe un termine: "Posizione solipsistica: l'**io** conosce solo se stesso e la soddisfazione dei propri desideri e "tutto" deve servire per l'appagamento delle proprie esigenze primarie.

Per il mio Studio grafologico ho voluto indicare un nominativo adatto. "Il cervello egoistico".

Questo procedimento -come in precedenza definito- avviene gradatamente nella gestazione del nascituro.

La madre, assorbendo i segnali del Mondo esterno, li trasmette al nascituro; già definendo dei segnali di sopravvivenza: allarme (il pianto) e di espansività (il sorriso).

Il cervello è preordinato ad assumere posizioni difensive ed elabora messaggi di comunicazione che nella fase primordiale è rappresentato e trasmesso tramite la lettera "o", utilizzando una predisposizione facciale, predestinata a questo comportamento.

Tale predisposizione è aiutata anche dalla formazione muscolare della bocca, adattata per l'allattamento ed alla forma ovale della mammella.

D'altra parte è un adattamento inconscio a tutta la formazione universale, dove il "tondo" si adatta e si forma dell'evoluzione dello stesso Universo.

Anche lo stesso gorgheggio uditivo del bambino è una formulazione della "o" che viene adottato anche come forma comunicativa con le altre persone.

In seguito, questa vocale si adatterà anche come primo gesto spontaneo nella scrittura, diventando il centro "propulsivo" della stessa scrittura.

Tutto ciò è primordialmente disposto dalla comunicazione predisposta delle stesse "onde cerebrali".

LE ONDE CELEBRALI

“Ma non fermarti a questo punto,
devi descriverlo proprio preciso.”
J.W. Goethe “Faust”

Ho voluto ricordare -simbolicamente- in apertura il “Faust” di Goethe, per rimarcare che le “Onde cerebrali” sono il punto fondamentale per connettere il “Codice neurale – il linguaggio del Cervello” con l’esplorazione grafologica.

Questo linguaggio comprende: la grammatica, la semantica e la sintassi del potenziale approccio che è la base interpretativa dell’informazione.

La premessa conoscitiva è basata sul fatto che ogni neurone può trasmettere -in un momento determinato- un solo segnale. Questo segnale è continuo e persistente, simile al messaggio che veniva trasmesso, dalle truppe tedesche, durante l’ultima guerra, con il Codificatore “Enigma”.

La possibilità per poter interpretare questo linguaggio potrebbe essere collegata al sistema binario, basato su un’alternanza di **1** e **0**.

La parola “Onda” ha sempre affascinato gli Scrittori.

L’ultimo è stato lo scrittore americano Todd Strasser.

Il suo libro: “L’Onda. La Storia di un gioco”, stampato in Italia nel 2009, ha come oggetto della trama le vicende di un insegnante di storia che ricorre ad un esperimento in modo di formare un movimento tra gli Studenti.

Il Professore -nel libro- vincola oltre alla Fisica anche la propria Fantasia.

“Questo sarà il nostro simbolo. Un’Onda, un esempio di qualcosa che cambia. Possiede movimento, direzione, forza d'urto."

La prima volta che si trova trascritta nel suo movimento circolare, è tramite la Stenografia che è la trasposizione dell'effetto fonetico a quello ortografico.

I Segni dell'Alfabeto stenografico sono costituiti – in gran parte- da curve ascendenti e discendenti, rappresentando un continuo afflusso di onde (Stenogrammi).

In quel momento, non avevo ancora terminato di scrivere che sentì una nuova voce, moto imperativa.

"Io so tutto sulle "onde cerebrali", perché sono il "Talamo"!

Ebbi subito qualche difficoltà a ricordare questo nome, al momento a me ignoto.

Poi, il solito dizionario e la solita ricerca che mi venne in aiuto.

"Talamo", la prima cosa che mi sorprese era la comune trascrizione in inglese, tedesco e francese: "Thalamus".

Tutto questo mi colpì come fosse autoritaria la sua presenza nel mondo scientifico.

Il Talamo -all'interno del corpo umano- ha una conformazione ovoidale. Il suo comportamento influenza i livelli sensoriali, la consapevolezza e la violenza.

Il Talamo invia i segnali dell'umore alla Corteccia cervicale e all'esaltazione emozionale delle sensazioni (i nervi e gli ormoni).

Infine rileva lo stato dell'umore che proviene da una combinazione tra la quantità di energia e quella dello stress.

Dopo un attimo di silenzio, il Talamo riprese a parlare.

Sono io che procedo a decifrare il codice neurale, ovvero il linguaggio che i neuroni usano per comunicare fra loro.

Io sono come un Radar. Il ritorno dell'Onda cerebrale viene decifrato e rinviato ai neuroni trasmittenti, tramite impulsi nervosi, espressi sotto forma di segnali elettrici.

Pertanto, attraverso la mia sensibilità, il Cervello codifica e decodifica costantemente questi segnali.

Inoltre, io amo la mia espressività che si manifesta tramite la Scrittura filiforme con una grafia che coordina pensieri ed azioni, nel modo più appropriato per raggiungere i propri scopi.

In grafologia, determinate lettere (**m**, **n**, **i**) diventano ondulate, e - tramite la loro influenza - rispecchiano la rappresentazione delle Onde cerebrali.

La conformità dell'umore, esposto alle passioni, agli entusiasmi ed alle ambizioni, appare anche dall'andamento delle lettere lineari, quali: le lettere **a**, **o** e **i** che mostrano il variare degli stati d'animo.

Forse, dopo queste mie considerazioni, suppongo che possa anch'io chiamarmi: "Grafologo"!

Dopo questa dichiarazione finale del Talamo, regnò un profondo silenzio.

Pensai che forse era giunto il momento di coordinare le esposizioni ricevute e di fare in modo di porre in evidenza le loro potenzialità per una collaborazione concettuale uniforme, al contrario della loro natura primitiva.

L'importante era di fare in modo di ottenere da loro una attenzione silenziosa, atta a far mantenere il Cervello, coordinato tramite un mio" Manuale Orale", rispettando l'opportunità della loro presenza e della loro "egoistica" autonomia.

Ripresi io a parlare.

Il concetto dell'"Onda", così come è stato esposto era già stato -in precedenza- espresso dal fisico francese Louis de Broglie che attestò che ogni quantità di materia ha un aspetto ondulatorio.

Lo stesso fisico Erwin Schroedinger designò una formula della Fisica Quantistica nella quale determinava che ogni oggetto è descritto da un'onda.

Questa formula introdusse il concetto di “Funzione d’onda” e dimostrò in che modo l’onda descriva gli effetti ondulatori della Materia.

Per la Fisica quantistica ogni oggetto è così descritto da una precisa funzione d’onda.

Nel caso della Grafologia è la “correlazione quantistica” (Fenomeno fisico) che aiuta a capire la correlazione fra lo spazio del foglio e le lettere ivi inserite, in tale modo, le stesse lettere interagiscono spingendosi a vicenda verso il termine del foglio.

Ogni lettera, così correlata, spinge verso l’estremità del foglio, influenzando -in modo continuativo- anche le lettere adiacenti, quasi fosse una sincronia perfetta.

Importante è intendere la determinazione dei settori correlati, dato che il principale motore di correlazione è la volontà inconscia di attuare uno stretto rapporto collaborativo tra i vari settori di indagine grafologica.

Persino la “Teoria delle dinamiche dominanti” dell’economista Nash aveva enunciato che “il risultato migliore si ottiene quando ogni componente del gruppo fa ciò che è meglio per sé e per lo stesso gruppo”.

Tutto ciò porta a considerare che anche per il cervello vale questa regola: dato che ogni componente cerebrale esprime – e la scrittura è un metodo di riscontro il proprio stato di equilibrio si evidenzierà, a secondo delle proprie capacità di apparire, in un coordinamento di esigenze primarie di sopravvivenza inconscia.

Tale comportamento è ancestrale ed influito da azioni e da reazioni provenienti dall’Ambiente o da effetti esterni al proprio organismo, mantenendo -nella Scrittura- un comportamento ondulatorio e dal “Principio di Complementarietà”.

Per tale motivo, la stessa Scrittura diviene senso comune del rapporto tra tutte le parti dell'intero complesso operativo del Cervello, esprimendo intensamente la propria situazione emotiva.

Lo stesso Alekdandr Romanovic Lurrija, neuropsicologo russo (1902-1977) nel suo libro: "Neuropsicologia del linguaggio grafico (1950)", si esprime in tal modo nel capitolo ottavo:

"Il processo grafico non si esaurisce in questi elementi.

L'unità della scrittura è costituita non dalla individuazione del suono o della lettera, ma dalla combinazione dei segni consecutivi, che compongono la sillaba, e dalle sillabe che compongono tutta la parola.

Si comprende bene che il passo successivo nell'Analisi dei processi psicofisiologici, indispensabili alla realizzazione della Scrittura, è l'individuazione di quei processi che portano all'integrazione delle parti costitutive più complesse della Scrittura."

Io terminai di parlare, pensando di aver posto alla loro attenzione il significato profondo della loro esistenza e della necessità di una forma collaborativa operante per il benessere comune.

Dopo un momento di silenzio, si sentì una voce sottile che io riconobbi per quella dell'Amigdala.

Tutto ciò che ci hai detto è molto interessante. Per quello che riguarda la mia attività, sei stato scientificamente preciso, ma non sei entrato nell'intimo del mio personaggio, nel coinvolgimento dei sensi, nel buio profondo della paura.

In merito, voglio ricordare un brano dello scrittore Edgar Allan Poe, ripreso dal Racconto: "Il pozzo ed il pendolo", dove lui scrive:

"Tremando come una foglia, tornai a tastoni verso la parete, scegliendo di morire là piuttosto che affrontare il Terrore del pozzo, che ora la mia immaginazione riteneva fossero tanti, sparsi dovunque nel sotterraneo."

Anche lo stesso Franz Kafka nel suo racconto "La tana", scrive:

"Mi lascio ancora condurre dalle mie gallerie, giungo in gallerie sempre più lontane, non ancora ispezionate dal mio ritorno, ancora risparmiate dal raspare delle zampe, gallerie il cui silenzio si risveglia al mio arrivo piombandomi addosso.".

Però io, a Kafka voglio dare una definizione che indirettamente mi riguarda: è la mia preferita, presa dalla Commedia di **Luigi Pirandello: "Così è (se vi pare)":**

"Io sono colei che mi si crede".

Io sono la Paura, ma la Paura non ha un nome definito, perché ognuno ha la sua Paura!

La paura è un sentimento primitivo, potente e molto diffuso.

Io esisto da sempre perché tutti mi temono.

Gli psicologhi parlano di me come "una emozione primaria di difesa".

Io, invece, parlo di "una emozione primaria di offesa".

Io genero le guerre.

Io creo il panico.

Io creo le rivoluzioni.

Io posso suscitare l'incapacità di vivere.

Le estreme conseguenze del mio potere, possono portare l'uomo al suicidio o all'omicidio.

Io però creo anche l'esperienza e tramite la Paura apprendo quello che è utile affrontare ed in che modo riuscire a realizzare il proprio scopo, buono o cattivo che sia.

Tu prima hai parlato della Scienza grafologica, ma tu sai che il

Segno della Paura è il Segno più espressivo che esista?

I Ricci della lettera "a" sono i più rappresentativi della suggestione della Paura.

Questa manifestazione -nella scrittura- è molto evidente e simbolica.

La paura non fa affrontare la realtà; i segni fuggono e si dipanano verso l'interno.

Questa fuga trascina altre lettere adiacenti, quali: la **o**, la **m** e la **n**.

Tutte queste lettere fuggono dalla realtà circostante, la rifiutano e - come gli scrittori Poe e Kafka, temono:

i "Pozzi" e le "Gallerie", dispersi ovunque, annebbiate dalla propria paura.

In quel momento di paura, la mano che scrive, cerca la fuga e la penna diventa un nemico che deve affrontare la realtà.

Il foglio bianco rappresenta il timore di dover affrontare la realtà immanente.

La bugia, la menzogna diventano vie di fuga.

Si nega la realtà per crearne una nuova.

In fine è esatta la definizione del grafologo M.Pulver:

"L'uomo -scrivendo- descrive se stesso".

L'Amigdala improvvisamente cessò di parlare, lasciandoci nel nostro silenzio.

Una Favola – quasi una realtà

Arrivato a questo punto, era opportuno far in modo di ottenere la loro attenzione ed avevo -nel frattempo- pensato ad un metodo e - conoscendo ormai la loro natura- era quello di raccontargli una favola, o quasi una favola: quella del "Golem" ed iniziai.

Vi voglio raccontare quale importanza hanno per gli Ebrei le lettere scritte e specialmente una parola: “E’met”-Verità).

Cancellando la prima lettera della parola -la Alef di E’met- resta la parola “Met” che significa: Morto!

La parola -per esteso- era stata scritta sulla fronte di “Golem”. Se si dovesse cancellare quella lettera dalla sua fronte lo stesso Golem morirebbe.

Il personaggio di Golem nasce dalla fantasia dello scrittore Gustav Meyrink, pseudonimo di Gustav Meyer (Vienna 19 gennaio 1868 – Starnberg quattro dicembre 1932).

Lo scrittore, dopo un breve impiego in Banca, cominciò ad interessarsi

all’occultismo.

Assunse lo pseudonimo di Meyrink e cominciò a scrivere una serie di racconti.

Il successo letterario giunse con la pubblicazione del libro: “Il Golem” (Der Golem, 1915).

Seguirono altri libri:” Il volto verde -1917, La notte di Valpurga – 1917, Il Domenicano bianco -1922, l’angelo della finestra occidentale -1927”.

Il libro “Il Golem” fu un successo immediato.

Tutti i suoi romanzi erano intrisi di Magia e Mistero, in una Praga spiritica.

L’Autore -per il personaggio di Golem- aveva riportato una Storia del 1600, dove un Rabbino aveva costruito un servo autonomo.

Sulla fronte di Golem il Rabbino aveva voluto incidere la Parola: E’met (Verità).

Questa scritta avrebbe dovuto rendere l’automa invincibile.

E qui inizia la Storia del Golem.

Tutto nasce dalla Figura leggendaria dell'"Ebreo errante", condannato a vagare per il Mondo per non aver concesso sosta, nella sua casa, al Cristo che andava al Calvario.

Il suo nome era: "Ahasvero".

Ogni 33 anni (l'età del Cristo) deve apparire dietro ai vetri di una finestra di una stanza qualsiasi del Ghetto di Praga.

E qui vediamo nascere il primo numero di questa leggenda: 33!

La "Kabbalah" (Tradizione), il libro della mistica ebraica, affronta la Rivelazione "essoterica" (segreta) della vita.

Questa tradizione nasce da due principi basilari: il "Nulla e il Principio".

Nel "Nulla è racchiuso il "Tutto" e nel "Nulla" nasce l'Infinito.

E dal "Nulla" e per mezzo del "Nulla", nasce anche il Golem: argilla, parole e numero.

Il più importante cabalista di Spagna Avraham Abulafia fornì un formulario letterario per la creazione di una creatura dal nome "Golem".

Questo formulario costituì la premessa per provocare l'apparizione di un essere artificiale.

Praga era il luogo adatto.

Pertanto nel XVI Secolo, il Rabbino Jehuda Loew ben Bezalel creò dall'argilla un uomo gigantesco, scrivendo sulla sua fronte la Parola "Verità" (E'met).

Però, impaurito dalla sua scoperta, fece in modo che quella scritta avesse anche la possibilità di essere il limite della estensione passiva del Golem.

Cancellando dalla fronte quella lettera, il Golem muore sull'istante, ma prima di morire, lui appare e trascina dietro di sé una serie di eventi funesti.

L'Autore del libro sul Golem vuole descrivere l'importanza

esistente nella cultura ebraica del rapporto tra le cifre e le lettere (Ghematria); il rapporto della Scrittura, la Creazione ed il numero 33 simbolo dell'unità .

Nel Simbolismo l'uomo crea i suoi miti.

Voi -in questo momento- vi chiederete il perché di questa narrazione, è presto fatto!

"Voi, con la vostra realtà, esistete come dei Golem, ma non avete occhi.

Siete stati creati, ma non conoscete il lato oscuro della Vita: la Morte!

Ricordate che voi avete un inizio, ma anche una fine.

Al momento, senza saperlo, avete l'istinto della sopravvivenza, ma senza la percezione di questa esistenza, non create la possibilità di coordinare le vostre capacità creative.

Il Golem è -in sostanza- un metodo per far comprendere al Popolo ebraico che per sopravvivere occorre collaborare nel conservare la propria Tradizione.

Questa Tradizione mistica ebraica è composta da tre Scritture:

Il Libro della Legge (Antico Testamento),

Il Talmud (Raccolta di commentari).

La Cabala (Interpretazione mistica dei Commentari).

Il Golem -sotto questa forma mistica è la trasposizione dell'impossibile nel possibile.

Il filosofo Wilhelm Dilthelm (1833- 1911) affermò – a tale riguardo ed in merito a tale comportamento dell'uomo- la Centralità del processo della connessione.

La connessione degli elementi è il processo primario per lo sviluppo del tutto l'insieme, nonostante la distinzione esistente fra i singoli elementi.

Sono gli stessi processi ondulatori cerebrali che intendono andamenti variabili, i quali mutano la loro Direzione biologica nel tempo di vita dell'uomo.

Lo sviluppo della singola e della comune "creatività" è descritto da una curva che mostra -nello scorrere del tempo umano- una fluttuazione simile ad una "Onda".

Esiste una stretta corrispondenza nei movimenti cerebrali soggetti ad una "onda magnetica".

Fra questa Onde, le stesse Onde lunghe appartengono al medesimo processo dinamico complesso in cui si evolvono i cicli intermedi della espansione cognitiva, con fasi di espansione o contrazione, dovute da confronti con situazioni reali esterne al Corpo umano.

Durante una fase depressiva del proprio stato psichico, le onde si trasformano in onde lunghe discendenti.

In fase di possibile ripresa, le onde lunghe diventano ascendenti, con una tensione massima di crescita della propria psiche.

I movimenti ondulatori esercitano una influenza molto forte sul proprio comportamento creativo.

In merito, la Rivista scientifica "National Geographic" nel numero dedicato al "Cervello", riporta questa dichiarazione dello scienziato Santiago Ramon y Cajal:

"Ogni uomo, se lo decide, può essere scultore del proprio cervello".

A conclusione dei suoi lavori, la Rivista esprime la propria considerazione che il linguaggio del cervello potrà essere decodificato e tradotto, rendendo così la possibilità di una comunicazione bidirezionale.

Nel 2017 il Centro di neuroscienze e Scienze cognitive di Rovereto (Tn), insieme a il Prof. Tommaso Fellin, del Laboratorio dell'Istituto tecnologico di Genova, hanno identificato un metodo che sviluppa gli strumenti per capire come individuare il sistema che trasforma gli stimoli sensoriali in quel linguaggio che le cellule neuronali si scambiano per definire le nostre azioni umane.

Questi Ricercatori hanno identificato i Codici elettrici utilizzati dalle cellule del cervello per rappresentare gli stimoli dei sensi.

In merito a tali Studi è importante anche tener conto che il cervello è organizzato a dare la precedenza alle "minacce" invece che alle "opportunità".

A tale proposito è opportuno ricordare che l'uomo è principalmente sottoposto a due "Sommi sovrani": il Dolore ed il Piacere.

In merito l'economista svizzero Bruno Frey dichiara:

"L'Agente della Teoria economica è razionale ed egoista, ed i suoi gusti non cambiano."

L'Egoismo è il "Mistero" che sovrasta immanente sulle azioni umane.

Ma che cosa è il "Mistero"?

"Il termine "Mistero" ricorre nei testi della psicologia analitica per indicare qualcosa di incomprensibile o il cui significato resta oscuro e nascosto, rispetto alle nostre conoscenze." Paolo Francesco Pieri "Dizionario Junghiano".

A questo punto non sentivo alcun rumore, ma sentivo ancora la loro presenza.

L'Amigdala, il Talamo e l'ippocampo erano ancora lì, presenti!

Allora continuai a parlare:

Tutto ciò che vi ho narrato- fino a questo momento-era per introdurre l'argomento che vi può riguardare e, possiate intendere, chiederò aiuto ad una citazione di Sigmund Freud presa dal suo Studio: "Inconscio e la coscienza -la realtà".

"L'inconscio è la vera realtà psichica: nella sua intima essenza ci è sconosciuto quanto la realtà del Mondo esterno, e la coscienza ce lo presenta in modo così incompleto come i nostri Organi sensori ci comunicano il Mondo esterno."

Intuivo -dalla mia forza sensitiva- che il loro interesse si stava attivando.

Continuai:

Io vorrei che accettaste il concetto della parola "intuizione".

"L'intuizione è la relazione diretta ed immediata con qualcosa, per cui si perviene alla sua comprensione e senza mediazioni concettuali."

Voi, senza saperlo, siete immersi in un mondo individualistico che rimane isolato nell'assoluto metodo comportamentale: "io sono unico e sono indispensabile."

In parte, ciò è anche vero, ma la realtà finalistica della sopravvivenza, pone -in merito- delle regole precise.

La Vita ha uno scopo ben preciso: quello di raggiungere una meta ben precisa che è la Sopravvivenza.

Per raggiungere questo scopo bisogna prendere atto che tutto è in continua trasformazione: qualcosa che continua a mutarsi in qualcos'altro.

A fortificare questo concetto interviene "Il Principio di indeterminazione" di Heisenberg:

"Non è possibile conoscere -allo stesso tempo- la posizione e la quantità di moto di una data particella, perché ogni volta che proviamo a misurarne una, l'altra cambia".

Però, quello che ci compete -come esseri umani- è che non siamo un momento istantaneo di vitalità, ma tutto dipende dalla propria coscienza e dall'atteggiamento che vogliamo assumere nei confronti degli Altri.

Bisogna immergersi nel "Tutto" per poter comprendere il "Singolo".

Ognuno di noi è "Unico", però inserito in un "Tutto".

In merito James Hillman nel suo libro: “Il codice dell’Anima” scrive:

“Ciò che i Romantici chiamavano “Anima vivificante”, oggi si chiama “Realtà psichica” che è dappertutto, anche se noi ci ostiniamo a dire che è invisibile.”

E’ la stessa Grafia, mediante l’esame della dinamica del Gesto grafico, in un ambiente limitato (grandezza del foglio), tende ad espandersi al momento della stesura lineare. Spandendosi, fino al limite del rigo, mentalmente e usualmente definito.

Il rientro del cosiddetto “a capo” comporta -ogni volta- ad una riedizione del singolo comportamento.

Ogni rigo di scrittura somiglia -in tal modo- ad una edizione teatrale.

Ogni riga diventa una scena che compone -inconsciamente- una rappresentazione teatrale, dove l’Io rappresenta il protagonista, attorniato da numerose comparse.

In tal modo, il soliloquio, posto al termine dello scritto, pone tutta l’attenzione all’effetto scenico, anche se inconscio.

Al termine, l’Io è attore ed il palcoscenico, la platea, il singolo spettatore sono gli unici Autori, rimasti -in seguito- in un palcoscenico vuoto.

Ma Voi, nonostante la Vostra presuntuosa solitudine, avete degli amici, degli amici sconosciuti e per farveli conoscere, Vi propongo un viaggio in treno.

IL VIAGGIO

L’atmosfera l’abbiamo già: il buio della notte, la pioggia ed il luogo: una Stazione.

I marciapiedi sono spazzati da raffiche di pioggia, la luce è spettrale.

Vi sarà un po' di folla in attesa dei treni; non preoccupatevi, ho già prenotato tre posti nel secondo vagone del nostro treno. Il nostro scompartimento ha il numero “uno”.

Ecco siamo già là insieme. Ecco la luce del treno in arrivo. Saliamo ed

occupiamo lo scompartimento e aspettiamo, in attesa, a proposito non ve lo avevo detto prima: avremo degli ospiti predestinati a venire con noi, gli amici misteriosi.

Il treno si mosse lentamente, trasportando i tre viaggiatori con le loro reciproche curiosità.

Ma forse è giunto il momento di descrivere questo treno speciale.

Questo treno speciale ha un nome specifico, si chiama: “Treno sinaptico”.

E’ chiamato “treno sinaptico”, perché è composto da numerosi vagoni: le Cellule nervose; vagoni collegati fra loro da “Sinapsi” (collettori).

Si ritiene che il cervello di un essere umano contenga 500 trilioni di sinapsi, trasmettitori di segnali nervosi.

Un trasmettitore essenziale è la “Dopamina” che agisce nelle parti del cervello che controllano il movimento e l’apprendimento.

Un altro neurotrasmettitore importante è la ”Acetilcolina” che è impegnata con la memoria ed il movimento muscolare.

In questo modo si è brevemente esposta la zona operativa del corpo umano, dalla quale dipende la possibilità di operare scientificamente nella Analisi grafologica.

L’uomo per scrivere ha bisogno di due corpi operativi: la mente ed i muscoli (mano, braccia, spalla).

I VIAGGIATORI

La mia attenzione torna ad osservare gli avvenimenti di questo viaggio simbolico.

Il treno ha una prima fermata, guardo attraverso il vetro.

Non piove più. Il vento però continua a sbattere contro il finestrino del vagone.

Il cielo è ancora buio. Un solitario lampione illumina i binari coperti di fango.

Sento un senso di abbandono in quella stazione solitaria.

Poi, dal buio, sbuca la figura di un uomo, con un balzo salta sul predellino del vagone, apre lo sportello e si siede- sorridendo- di fronte a noi.

"Mi chiamo Harry Lime e sono il protagonista del libro di Graham Greene:

"Il Terzo Uomo".

A proposito sono anche lo stesso protagonista dell'omonimo film, prodotto e girato nel 1949.

Probabilmente non mi avete conosciuto prima di oggi, ma desidero darvi tutte le informazioni, relative al mio personaggio.

Nel libro e nel film vengo annunciato, con la stessa motivazione espressiva:

"Per carità non immaginatevi Harry Lime, come il tipico mascalzone ripulito. Era un'altra cosa."

Sapete l'assurdo, io, interpretato magistralmente dall'attore Orson Welles, sono rimasto nella storia cinematografica per una frase che non fu mai scritta nel libro, ma solamente improvvisata dall'attore nel film:

"In Svizzera non ci fu che amore fraterno, ma in 500 anni di quieto vivere e di pace che cosa ne è venuto fuori? L'orologio a cucù!"

Invece sia nel libro e nel film, il buio è il vero protagonista, in una Vienna appena uscita dalla Seconda guerra mondiale.

Pareti buie - di edifici distrutti- scorrono di continuo, fra guizzi di luce di rari lampioni che rincorrono protagonisti spaventati dalle loro paure.

Io sono un freddo calcolatore che uccide -indirettamente- tramite un traffico di medicine avariate, centinaia di persone.

Io i morti non li vedo e non li penso.

Ognuno di loro è per me un pacchetto di denaro.

Nel film faccio questa domanda al mio amico Holly Martins, riferendomi ad una visione dall'alto di pedoni sottostanti:

"Sentiresti davvero della pietà se Tu potessi fermare quei puntolini di pedoni, giù in basso, così – tutto d'un tratto- con un tocco della Tua mano?

Ricevendo in cambio del denaro per il Tuo gesto oppure Ti metteresti a contare il denaro che potresti ricevere nel fermare ogni puntolino possibile?"

Ecco la coscienza delle opportunità! Pensate a quello che Vi ho detto!

Stiamo arrivando alla mia Stazione.

Appena il treno si fermerà, scenderò ad attendere il prossimo treno e raccontare ad altri viaggiatori la mia Storia.

In un lampo aprì lo sportello del vagone e sparì nel buio della notte.

Nel frattempo, senza che ce ne accorgessimo, un'altra figura sottile si era seduta nel posto lasciato libero dal precedente viaggiatore.

Una voce dolce, uno sguardo romantico.

La sua voce soave sussurrò una lunga frase.

Mi chiamo Virginia Woolf, sono nata a Londra il 13 gennaio 1882 e sono morta -suicida- il 28 marzo 1941.

Sono una scrittrice. Alcuni miei libri sono intitolati: “La crociera, La Camera di Jacob, Mrs. Dalloway, Gita al faro, Orlando, Tra un atto e l’altro ed il mio libro preferito: Le Onde”.

“Le Onde” è un libro immerso nei simboli più appariscenti, in una vita immersa da difficoltà, ma unita dall’amicizia che lega tutto l’itinerario della vicenda.

Questo è un libro orchestrale, un viaggio nella coscienza dei singoli personaggi: onde che si infrangono sulla sabbia, ma che ritornano a riunirsi nel mare.

Noi siamo onde di vita e -nello stesso tempo- un mare comune per la sopravvivenza.

L’unico mistero rimane la morte.

Per tale motivo, il mio ricordo è nell’ultimo capitolo del libro:

“E anche in me sorge l’onda. Si gonfia, inarca la schiena.

Ancora una volta ho coscienza di un desiderio nuovo, qualora che si alza sotto di me come il cavallo fiero che il cavaliere prima sprona, poi frena.

Quale nemico scorgiamo ora avanzare verso di noi, o tu che cavalco adesso, mentre, fermi, battiamo questo tratto di selciato? E’ la Morte!”

Una voce dal buio esclamò: “Qualcuno mi ha chiamato?”

La voce tremante della Woolf: “Chi sei?”

La Morte: “Sono la Morte!”

Woolf: “Eri già venuta da me!”

La Morte:”Io avevo camminato al tuo fianco da tempo; eri morta fisicamente, ma non eri morta nello spirito, ora mi accorgo - nonostante tutto che tu sei ancora viva, dato che in te c’è qualcosa che ti tiene viva, ancora per sempre: il tuo senso profondo dell’amicizia.

Il tuo corpo ha avuto paura, la tua anima: No!

Per tale motivo eterna eri ed eterna rimarrai!"

Nel frattempo vi era stata una nuova fermata del treno, una nuova Stazione.

La Woolf e la Morte scesero insieme dal vagone.

La Morte avvolgeva, con il suo lungo mantello, la scrittrice e il buio oscurò totalmente le loro figure.

Il treno riprese la sua corsa, dimenticando chi aveva lasciato nella notte oscura.

Una fitta nebbia aveva scelto di coprire i campi intorno e colpi di vento ruggivano, appiccicando sui vetri del finestrino, foglie morte, rapite agli alberi autunnali.

Io, sprofondato nel mio posto, attendevo la prossima fermata e forse anche il personaggio definitivo.

Questo personaggio sarebbe giunto con la luce del mattino.

I fiori nei campi sarebbero fioriti, ignorati dal tempo inclemente.

Io aspettavo, pensando ancora all'incontro precedente; la tristezza della Woolf e la fermezza della Morte.

In quel momento mi vennero in mente alcune parole del Predicatore religioso tedesco Friedrich Wilhelm Krummacher (1796-1868):

"Il Mondo non termina là dove urla la tempesta sulla spiaggia lontana del mare, oppure lassù dove cammina la Luna afflitta e dove le tacite Stelle guardano malinconiche la terra. Al di là si estende un'altra regione più vasta e più luminosa. Oh, là si sta meglio di qua. Là non si portano più rose alla Tomba: e la separazione non minaccia più l'Amore; là nessuna goccia di bile si trova nel calice della gioia."

UNA STORIA NELLA STORIA

Proprio in quel momento, la porta del vagone si aprì e si intravvide un uomo.

La luce dello scompartimento lo rapì, facendogli scuotere i lembi del suo cappotto, zuppo di pioggia, affiancato da un cappello sgocciolante come una fontana.

Poi, con calma, si tolse il cappotto ed il cappello; il tutto venne ripiegato, accanto a sé, mentre sedeva di fronte a noi.

"Io mi chiamo Gregor Samsa!"

La sua voce decisa percorse tutto il vagone.

Io sapevo che ci stava raccontando una bugia. Il suo vero nome era: Franz Kafka! Sapevo anche che quel nome citatoci era quello preso in prestito dal personaggio del suo Racconto: "La Metamorfosi".

Decisi -allora- di non svelare il suo segreto e di lasciarlo parlare.

"Svolgo l'attività di Commesso viaggiatore.

Sono abituato a viaggiare con il cattivo tempo.

Che mestiere faticoso che mi sono scelto. Sempre in giro, un giorno dopo l'altro.

L'affanno per gli affari da concludere è superiore a quello dei miei colleghi che stanno al calduccio in ufficio a spettegolare ed a trascrivere solamente le operazioni commerciali da me realizzate.

Inoltre devo sopportare uno stipendio inadeguato in confronto alle avversità che ogni giorno devo affrontare: i crucci per le coincidenze dei treni, i pasti irregolari, i cattivi rapporti umani, sempre mutevoli, mai costanti e -specialmente- mai cordiali.

Poi -ancora - le continue levatacce, poche ore di sonno. Correre senza un attimo di respiro e persino -quando rientro in Sede- mi aspetta il mio Principale, mai soddisfatto del mio lavoro.

A questo punto, certamente Vi chiederete, ma come mai questa persona non si è ancora licenziato e non ha trovato un altro lavoro?

Il Vostro dubbio sarebbe sacrosanto, ma Vi dirò: il lavoro...in questi tempi economicamente disastrosi, dove potrei trovarne un altro, ormai ho la mia età, le mie abitudini e poi...Vi rivelerò un segreto: io amo il treno, non proprio il viaggiare, non ho alcun interesse per i posti in cui mi devo recare.

Io amo starmene tranquillo -come in questo momento- nella mia vettura, con i miei pensieri e la mia solitudine.

Nessuno mi conosce ed a nessuno devo dar conto di qualche cosa.

Viaggio nel mio mondo e son contento.

Per fortuna -in questo- sono diverso dal mio amico Franz Kafka, una stimata persona; fa l'assicuratore – o meglio- lavora per un Ente statale che assiste i lavoratori, incappati in qualche infortunio lavorativo.

Una volta lo accompagnai per un incarico che aveva ricevuto presso una località lontana.

Era inverno e il villaggio, dove dovevamo recarci, era immerso sotto una spesso strato di neve.

Trovammo l'unica locanda aperta; le camere erano tutte occupate, ma l'oste, dopo essersi informato dell'incarico del mio amico, ci offrì una camera spaziosa per la notte.

Poi, al mattino cercammo di incamminarci verso il Castello che -come un corvo nero- sovrastava il villaggio, ma dovemmo desistere per la troppa neve; era lì che il mio amico doveva svolgere il suo lavoro.

All'indomani la situazione non era cambiata, perciò dovemmo lasciare il villaggio e specialmente il Castello, dove lui aveva riposto le sue speranze di successo e ritornare in città. ("Il Castello di Franz Kafka")

Oltretutto il mio amico è anche sfortunato, dovete sapere che:

"Qualcuno lo aveva diffamato perché, senza che avesse fatto nulla di male, una mattina venne arrestato."

In seguito, nel corso dell'udienza processuale, K. osò esclamare:

"Non c'è dubbio che, dietro tutte le espressioni di questo Tribunale, nel mio caso dietro l'arresto e l'odierna udienza, ci sia una grande organizzazione...

E quale è il senso di questa grande organizzazione, signori miei?

Consiste nel far arrestare degli innocenti e nell'avviare contro di loro un procedimento insensato e per lo più, come nel mio caso, senza esito." ("Il Processo" - Franz Kafka)

Ingenuo! Eppure lo aveva già previsto in un suo racconto, dato che il mio amico faceva anche lo scrittore.

Il racconto è intitolato: "Sul problema delle leggi di Franz Kafka":

"Le nostre leggi non sono universalmente conosciute, esse sono un segreto di quel piccolo gruppo di nobili che ci governa...

Viviamo sul filo di questo coltello.

Una volta uno scrittore ha sintetizzato così la cosa:

"l'unica legge, visibile, indubitabile, che ci è imposta, è la nobiltà e dovremmo noi stessi voler distruggere questa unica legge?"

Poveretto! Fu proprio un coltello a porre fine ai suoi giorni!

"Ma alla gola di K. Si strinsero le mani di uno degli individui, mentre l'altro gli infilava il coltello nel cuore, rigirandolo più volte.

Con gli occhi che si spegnevano, K. vide ancora come gli uomini, vicino al suo viso, poggiati guancia a guancia, osservavano la conclusione:

"Come un cane! Disse, era come se la vergogna gli dovesse sopravvivere."

Con queste parole termina il libro "Il Processo" di Franz Kafka.

A quel punto, improvvisamente, egli tacque e ci guardò come se chiedesse un commento alle sue storie.

Allora io capì che era giunto il momento di parlare e dissi:

"Benvenuto fra noi, Signor Kafka!

Lei sa che io conosco la sua scrittura, l'analisi grafologica della Sua vita e…

conoscendo la Sua scrittura, io conosco anche Lei."

UNA ANALISI GRAFOLOGICA

LA SCRITTURA DI FRANZ KAFKA

L'esame della scrittura da me esaminata proviene da una riproduzione di un appunto che si trova sul retro di un foglio usato da Kafka nel 1922, durante la stesura del suo libro "Il Castello".

Questo foglio faceva parte del "Decimo quaderno del Diario", redatto dall'Autore.

Analisi

La scrittura di Kafka risulta veloce, con aspetti impulsivi.

Insorgenza di intuizioni, di idee, sommerse da una immaginazione esuberante.

Irrequietezza psichica che stravolge il pensiero ed i sentimenti.

Difficoltà di affrontare il proprio tempo di vita, composto dall'uso del proprio lavoro, dei propri sentimenti.

Paura di amare e di essere amato.

Incapacità di portare avanti esperienze sensuali a lunga scadenza.

Il mistero della donna, rimane eccitante e sempre occulto.

Tendenza a valutare le situazioni occasionali sulla base di impressioni emotive.

Il “buio” è temuto, ma desiderato (Il racconto: “la Tana”).

La timidezza nasconde una aggressività infantile.

“Il fanciullo” esiste perenne in lui ed è un desiderio di esistenza, di rifugio per il proprio futuro.

La vita di relazione è continuamente controllata dalla vita interiore.

La paura di scelte definitive, dovuta da instabilità emotive, porta ad un senso di irritazione e di ribellione, però la paura di poter diventare un rivoluzionario lo atterrisce.

In tutto lo scritto la lettera **g** occupa più spazio possibile, tramite Asole inferiori eccessivamente allungate.

Questa lettera in Kafka sta ad indicare una intensa stimolazione sessuale.

In Kafka un altro segno interessante è la lettera **t**.

Il taglio superiore di questa lettera risulta corto, ma deciso.

Questa **t**, così come trascritta, rileva situazioni ansiogene. Difficoltà nei rapporti affettivi, Religiosità mistica, scrupoli eccessivi, fobie, intenso bisogno di affetto, depressione.

In sostanza, la scrittura di Kafka rileva una dissociazione fra il comportamento sociale ed il comportamento intimo.

I segni della “timidezza” avvolgono tutta la scritta e -come tutti i timidi- ha una personalità doppia e latente che nasconde una certa aggressività che può manifestarsi con rancori di eventuali ingiustizie subite (“Lettera al padre”).

Cessai la mia relazione e guardai il mio uditorio.

L’uomo, a me di fronte, mi guardava sorridendo e poi esclamò:

“Bravo, mi ha scoperto! Mi chiamo effettivamente Franz Kafka.

Per scoprirmi -tramite la sua grafologia- avrà letto anche tutte i miei Scritti.

Fra essi, uno in particolare quello intitolato: “Il messaggio imperiale”.

In esso ho volutamente rappresentare me stesso, il mio scopo comunicativo: siamo tutti messaggeri dell’ignoto, sappiamo ma non conosciamo il senso remoto del messaggio che ci è stato affidato.

Siamo solamente indirizzati a eseguire un ordine: quello di comunicare, ma le difficoltà incontrate nella vita non ci danno la possibilità di adempiere all’ordine ricevuto.

Il Segreto rimarrà segreto. La durata del tempo, resterà sconosciuto. Gli altri non potranno ricevere il messaggio, un messaggio che potrebbe rimanere inascoltato ed al messaggero non gli rimarrà altro che restare “alla finestra della sua via e sognare, quando scende la sera”.

Quale può essere la motivazione di questo racconto?

Risulta evidente che il messaggero non vuol chiedere aiuto a qualcuno che lo assisti a superare le difficoltà da incontrare.

Lui, vuole raggiungere la sua meta da solo ed è questo l’errore, da soli si raggiunge solamente la solitudine, il vuoto della propria vita.

Rimarrà solamente: “una finestra, i sogni ed il buio della sera”.

Kafka tacque e -nel frattempo- eravamo arrivati alla nostra Stazione di arrivo.

Scendemmo tutti e nel salutarli, io volli citare questa frase di Fernando Pessoa dal suo scritto: “Il libro della inquietudine”.

“La vita è ciò che facciamo di essa.

I viaggi sono i viaggiatori.

Ciò che vediamo non è ciò che vediamo, ma ciò che siamo!”

CAPITOLO TERZO

IL MISTERO NON E' PIU' UN MISTERO

Fratellanza

Sono un uomo, ma duro,
ed immensa è la notte.

Però guardo su in alto
Uno scriver di stelle.

Senza intender capisco:
anch'io sono scrittura.

E c'è in questo momento
Chi mi sta decifrando.

Octavio Paz

Lascio -per un momento- i miei ospiti nel ricordo delle immagini ricevute e ritorno -invece- alla stesura del mio scritto.

Procedo per sensazioni episodiche.

La grafologia l'ho incontrata casualmente, in una libreria, ampia, piena di luce, cercavo un libro che avesse trattato della Storia della musica.

In quel periodo ero preso dalle Sonate di Antonio Vivaldi, un musicista nato a Venezia il 4 marzo 1678 e morto a Vienna il 28 luglio 1741.

Invece trovai, lì -quasi ad aspettarmi- un libro dal titolo misterioso: "Manuale di Grafologia" ed -all'improvviso- sfogliandolo, mi si aprì un mondo meraviglioso: intenso di simboli, linguaggi, segni; era come se mi si fosse aperto ai miei occhi una verità sconosciuta ed improvvisamente leggibile.

Da allora cominciai a cercare tutti i libri possibili di questa stupenda materia scientifica.

Mi mancava -però- un esempio esplicativo ed anche lì un caso mi venne in aiuto: un altro libro, un libro, cosiddetto “giallo”.

Il titolo del libro era “Maigret e una vita in gioco” dello scrittore Georges Simenon. Il libro era stato scritto nel 1957.

Lui, l’autore era un maestro della letteratura “gialla”: aveva scritto un totale di ben 25 libri riguardanti le inchieste del “Commissario Maigret”.

Nel libro che in quel momento leggevo, la trama riguardava una indagine sull’assassinio di due donne.

Il presunto colpevole si era dichiarato innocente, poi viene condannato e fatto fuggire, al fine di scoprire il vero colpevole.

L’arrivo di una lettera anonima fa capire a Maigret che veramente l’assassino è un’altra persona.

Da dove viene questa certezza di innocenza, proprio dall’esame grafologico della scrittura della lettera anonima.

Ecco il testo dell’Analisi grafologica, redatto da un esperto della Polizia di Parigi:

Il biglietto è stato scritto con l’inchiostro del bar; è stato scritto inoltre con la mano sinistra, non da un mancino, ma da qualcuno che sa che con la mano sinistra quasi tutte le calligrafie si rassomigliano.

Una cosa è certa: il mittente è una persona colta, giurerei che parla e scrive correttamente parecchie lingue.

Ora se mi provo a fare della “Grafologia”.

Ebbene, o io prendo un grosso abbaglio, o ci troviamo di fronte ad un individuo eccezionale. Davanti ad una intelligenza molto al di sopra della media.

Ma ciò che turba è la mescolanza di volontà e di debolezza, di freddezza e di emotività. E' la grafia di un uomo…

Eppure noto tratti di carattere nettamente femminile…"

Questa trascrizione, riprodotta da questo libro, affascina e induce ad interpretare ad intuire tutto ciò che ci circonda.

Ecco apparire la parola essenziale per lo studio della Grafologia: "interpretare".

Questa parola è alla base dell'"Ermeneutica", cioè la realtà intesa come un "testo" che avendo un carattere di ambiguità, si apre alle interpretazioni che è un metodo per esaminare il piano soggettivo.

L' "io" come centro di attenzione.

Su questa base formulare, si pone il processo di individuazione.

In tale sintesi prospettiva di indagine, la grafologia tende ad interpretare i segni della scrittura come espressività di tensioni che tendono a manifestare azioni che mirano a qualche cosa di specifico, per cui, il soggetto stesso mostra -inconsciamente- una volontà di essere: "esaminato" - "interpretato".

E' l'esibizione inconscia della propria scrittura.

Il segno grafico diventa "un simbolo" di richiesta di attenzione.

Lo stesso Goethe subiva il fascino della propria scrittura, ritenendola una attestazione della propria capacità creativa. ("Quanto diversamente agisce su di me questo segno").

Nel segno grafologica è l'intero organismo psichico che viene coinvolto.

Rimane però il problema dualistico della propria rappresentazione pubblica del proprio **io**.

L'individuo è in continua tensione ansiosa per la propria presenza pubblica: una maschera del proprio viso, "amleticamente" dubbiosa per la propria presenza in uno stato sociale, più volte non cercato, ma casualmente trovato.

La propria personalità viene sommersa dall'alternarsi delle "maschere" che ogni volta deve indossare, secondo delle situazioni presunte che lo circondano.

A tale proposito, Pirandello nella sua Commedia: "Il berretto a sonagli", in una identica situazione di "sopravvivenza civile", al posto della parola: "maschera", usa la parola: "la corda civile":

"La corda civile, signora. Deve sapere che abbiamo tutti come tre corde d'orologio in testa: la seria, la civile, la pazza. Sopra tutto, dovendo vivere in società, ci serve la civile."

La Grafologia, tramite l'analisi, invita l'individuo ad uscire dall'inganno della ambiguità.

Lo psicologo Jung a tale riguardo- definisce l'esistenza un "archetipo" (una delle forme tipiche dei modi di pensare e di agire dell'uomo).

E' la parte di noi stessa, la più profonda, la più intima che non vogliamo che il mondo veda.

Essa rappresenta la nostra "ombra", l'opposto della nostra identità primaria, limbica.

Un' ombra che ossessivamente ostenta la parte peggiore di se stessi. La parte che vogliamo nascondere e pertanto diventiamo degli "alfabeti" che camminano.

Fernando Pessoa nel suo testo: "Il libro della inquietudine" descrive questa situazione umana:

"Ci sono giorni nei quali ogni persona che incontro e, ancor più. Le persone abituali della mia convivenza obbligata e quotidiana, assumono aspetti di "simboli" e, isolati o fra loro connessi, formano un "alfabeto" profetico od occulto che descrive in "ombre" la mia vita".

INIZIAMO A PARLARE DI LORO:

ALCUNI SEGNI GRAFOLOGICI

La lettera x – la "croce" dello scrivente

Se incontrate questa lettera: la **x**, sarete messi -come scrivente- in difficoltà.

E' una lettera eredita dalla Lingua latina e poi persa nella storia per la difficoltà della sua pronuncia.

Rimasta nascosta -fino al Medio Evo- in buie biblioteche conventuali, si trasformò in "lettera di occupazione" presso le culture occupanti il territorio italiano.

La **x** divenne una lettera rafforzativa, quasi un compiacimento letterario.

Le lingue neo latine (tranne quella italiana, persa nella diversità dialettale del linguaggio) e le lingue di origine sassone, svilupparono la proliferazione di tale simbolo grafico.

La dizione di tale lettera, sia nella trascrizione che nella dizione, comportava un senso di autorità.

Persino in letteratura l'uso di questa lettera viene adoperata per richiamare i vari elementi di una parola, dando una forma incrociata alle lettere che la compongono. (CHIASMO)

In grafologia, quando la si trova nella frase scritta, è una forma letterale del tratto, ma ingombrante per il legame posizionale con gli altri segni alfabetici, dato che si trova quasi sempre coniugato con tali lettere.

La "x" è un simbolo autoritario, possessivo e prepotente, dato che si lega con difficoltà con le altre lettere.

La forma della "x" si presta ad un simbolismo che si può raffrontare alla figura del corpo umano.

La parte superiore della lettera porta ad immaginare la rappresentazione sia delle due braccia che dei due polmoni.

In tale maniera anche la parte inferiore rappresentano sia le due gambe che i due reni.

In una situazione “artrosica” parrebbe evidente la manifestazione di tale malattia, attraverso l’esame di una scrittura tremolante.

Tale situazione si potrebbe riscontrare anche nelle malattie respiratorie ed in quelle renali.

L’ambigua lettera a

Per me la lettera “a” rappresenta una lettera “bugiarda” per eccellenza.

Questa lettera nasconde, tramite la sua estetica grafica, una insita capacità di aggrapparsi alle lettere vicine, creando così una “falsità” espressiva: appare e scompare nella sua presunta semplicità grafica, quale elemento finale di aggregazione o di sintesi finale della stessa parola.

Io – la lettera “a” la chiamo anche la lettera “edera”, perché attraverso i suoi “uncini”, sia iniziali che finali, si avvinghia e plagia le lettere a lei casualmente vicine.

Mentre la lettera “o propulsiva” spinge verso posizioni psichiche positive o negative, la lettera “a” ha solamente una posizione intrinseca alla sua natura psicologica: quella di trasferire il significativo impegno grafico dello scrivente, in una struttura polivalente che trasforma l’espressione, sia precedente che susseguente, a seconda degli istinti finali, siti nell’inconscio dello scrivente.

Tutto ciò proviene dall’inconscio cognitivo delle realtà locali che lo circondano, confinato in un perimetro limitato dalle personali fantasie nei confronti di ipotetiche realtà, dubbiosamente acquisite.

In tal modo la lettera **a** si presenta sotto diverse forme che possono variare secondo il posizionamento, della rotondità, del suo occhiello finale e delle "gambette" di appoggio, posizionate sia e destra o a sinistra della lettera stessa.

In tale posizione si possono individuare degli atteggiamenti:

aggressivi- ambigui – insinceri – introversi – diffidenti - collerici.

Oppure -nello stesso modo, in una maniera interpretativa inversa:

franchezza – misticismo – ansia – disponibilità - pazienza.

Questa alternanza -così ambivalente- in questa lettera è sempre dovuta al legamento esistente con le lettere vicine.

Una situazione fortemente dinamiche si potrà incontrare nell'incontro- scontro con la lettera **z**.

Le lettere a-z
lettere amiche – nemiche

Le lettere **a-z** quando le scrivo separatamente in una frase, istintivamente mi attraggono, ma se l'unisco, all'interno di una parola, mi spaventano.

Unite, come ad esempio nella parola "azione", mi sembrano come quelle parole che si scrivono su una lapide mortuaria: "nato…morto…".

E tutto si conclude così! Una lapide, un cimitero.

Nessuno sa chi sei veramente e né dove sei adesso.

Qualcuno sospirerà, qualcuno piangerà e- qualcun altro- digrignerà i denti.

Nel ricordo, la vita delle persone è come un ponte sospeso su un abisso.

Facendo una similitudine, le lettere **a** e **z** sono gli estremi dell'abisso, gli estremi dell'alfabeto.

Si conosce l'inizio del ponte della vita (la lettera **a**), ma non sappiamo dove potrà terminare il ponte intrapreso (la lettera **z**).

Riprendendo "il Processo" di Kafka, come analogia di questo mistero in cui si viene coinvolti senza essere interpellati, chiamati ed -alla fine- respinti, Kafka stesso o meglio il Signor K. porta l'attenzione del lettore su un "misterioso" quaderno, tenuto dal Giudice istruttore, in mano, come fosse il simbolo della giustizia.

L'effetto scenico è palese.

Il Giudice -in quel momento- legge la "sua" scrittura ed interpreta i "suoi" appunti, nei quali -probabilmente- c'è la "presunta" colpa di K.

La solitudine dell'ignoto, lascia K. improvvisamente solo, nonostante una sala affollata di sconosciuti.

Ma cosa conterrà veramente quel "misterioso" quaderno?

Probabilmente la unica vera colpa di K.: la sua solitudine.

Logicamente in quel quaderno ci saranno molti spazi vuoti, mentalmente assenti di ricordi, piacevoli o spiacevoli.

La "presunta colpa" è come l'esistente spaziatura, in grafologia.

Questa situazione grafologica appare sempre più evidente quando gli spazi, lasciati in bianco, diventano "parole" d'ansia, volutamente lasciate in bianco, nell'inchiostro della penna.

L'uomo -nello scrivere- trasforma il suono della voce in scrittura, ma quante parole rimarranno soffocate, timorose di esprimersi? ma non nel "grido" espressivo del testo scritto.

L'uomo è verità, perché ha la necessità di comunicare, sempre, la sua verità.

Lo scritto. Il suo scritto è il passaporto che lo fa accedere agli altri.

Però è importante capire il proprio scritto, non solamente per quello che appare alfabeticamente, ma per il significato profondo insito nel proprio simbolismo psicologico.

Sempre Kafka, nel suo libro "Il Castello" e nel capitolo primo pone la difficoltà della mancanza di un testo scritto, necessario per essere accolti nel "misterioso" Castello.

Come nell'Aula giudiziaria del "il Processo", così anche nel "Il Castello", i l Personaggio K. è escluso dagli avvenimenti perché non conosce quello che hanno potuto o non voluto scrivere su di lui.

In queste due situazioni si trovano- simbolicamente, i due personaggi grafologici. La lettera **a** e la lettera **z**.

Evidenziato il caso del "il Castello" la lettera **a** rappresenta l'incarico ricevuto, la chiamata incerta per la sua destinazione (la vita umana) e la lettera **z** il dominio visibile-invisibile del castello che controlla l'oscurità degli avvenimenti.

Nello stesso modo, la **a** e la **z** rappresentano l'inizio e la fine di un precesso inconscio che implica tutta la scrittura.

In questo "scontro" si erge problematica la stessa figura della lettera **z**.

La lettera z
Una lettera emblematica

Chi ha inventato la lettera **z** doveva aver avuto una fantasia perversa.

In un solo simbolo si sono accumulate tutte le possibilità grafologiche.

La lettera **z** -nel mondo latino- si è affermata come una lettera di possesso lineare.

La sua “architettura” è composta da due segmenti, simile a frecce, un taglio centrale, un asse di raccordo.

Nello studiare questa lettera si rileva l’espressione di una personalità con potenzialità aggressive, una forte permalosità emotiva.

E’ il tratto trasversale che rileva lo stato difensivo dell’individuo.

Con questo segno si manifesta il pregiudizio educativo di una identità che si ribella e che nel non vuole apparire esternamente a secondo esplicite manifestazioni sociali.

Il tratto trasversale è come una impalcatura che regge la connessione fra il piano terreno (l’asta in basso) ed il piano superiore (l’asta in alto).

E’ questo il segno che indica come può manifestare la convivenza psichica fra l’”io” interno e l’”io” esterno.

La diversità del tratto, che collega i due segmenti, mostra la vivacità nel voler apparire, specie nella manifestazione di sentimenti amorosi.

La lettera “z” gioca emblematicamente fra l’”essere” e l’”apparire”.

Nella donna manifesta la propria capacità innata di seduzione; nell’uomo il desiderio di possedere e di essere posseduto.

Nella lettera “z” se l’asta trasversale supera “il piano superiore si ha la dimostrazione della presenza di un “io aggressivo”.

Se invece l’asta resta legata al piano inferiore, l’”io” sta attendendo, sia nell’uomo che nella donna, le possibilità oggettive per la propria capacità possessiva.

Notevolmente importante osservare la posizione del trattino che taglia l’asta trasversale.

Questa è la parte seduttiva della lettera che mostra quale possa essere il livello di perfezione inerente la ricerca della “aggressività” che si vuole mettere in atto.

Il dominio della lettera z

"Di tutto quanto è scritto amo solo quello che uno scrive col proprio sangue".

Friedrich Wilhelm Nietzsche – "Così parlò Zarathustra".

La parola sangue, dalla citazione riportata, sarebbe eccessiva nei riguardi di una "semplice" lettera dell'alfabeto, ma la lettera "z" possiede il senso di questo sostantivo perché -in situazioni di forte disagio esistenziale- può dimostrare la sua potenzialità di aggressività.

La lettera "z" è per espressività, una lettera "aggressiva" e -come tutte le lettere-nasce nell'intimo del cervello.

Il suo viaggio creativo inizia tramite una specifica "onda" cerebrale, già in essere nel seno materno.

La sua potenzialità, sia formativa che espressiva, nasce anche dalla sua capacità innata di sopravvivenza.

L'attività elettrica del cervello trova la congiunta assistenza formativa nelle attività reciproche dell'Amigdala e dell'Ippocampo.

Il nascituro riceve in questo modo- dei messaggi precisi e stimolanti.

La lettera "z", essendo un segno complicato di trascrizione, assume una forma fonetica, simile -in italiano- al verso fastidioso delle zanzare.

In definitiva si può rilevare che il segno del trattino intermedio della "z" è come un termometro che alza ed abbassa il livello di comunicazione in conformità al proprio stato aggressivo sempre latente.

La lettera e
La lettera che ride

La lettera **e** è una lettera invasiva, la si può trovare numerose volte in una frase.

Questa lettera è come un intruso che si intromette fra le parole, ridendo delle congiunzioni che stabilisce.

La sua natura, parafrasando una frase del Dramma "Riccardo terzo" di Shakespeare è: "Priva di una bella simmetria".

Questa è una lettera "simulatrice": deforme, imperfetta.

E' una lettera **i** che non è cresciuta, anche una mezza **o**; è una lettera zoppicante.

La sua natura "diplomatica" è quella di poter stringere delle alleanze con le altre lettere.

Se poi, riesce a formare una congiunzione grammaticale, allora diviene artefice di intrighi, congetture, profezie, calunnie e sogni.

Nella drammaturgia teatrale viene usata normalmente quando si vuole lasciare, nella trama, una situazione sospensiva ma malevolmente dubbiosa; ad esempio: un **e** finale che lascia l'ascoltatore nel dubbio della presunta verità dello svolgersi degli eventi.

La lettera **e** si diverte anche ad unire frasi, pensieri, sentimenti; cambiando persino a falsificare tutto ciò che la memoria ha tenuto segreto nel proprio intimo.

La lettera **e** è una lettera "spia" che suggerisce ed indica al grafologo la metodologia di analisi da affrontare.

La lettera h
La lettera muta

Se dovete affrontare qualche cosa, qualcuno, la lettera **h** vi farà conoscere il "mistero" della situazione che esiste nel vostro inconscio.

La lettera **h** ha un problema del dover far apparire la propria immagine scritturale.

E' una lettera incompiuta, mista di segni impropri, visivamente vicina alla lettera **n**.

Anche la lettera **l** è impropria -per similitudine- alla lettera **h**.

Tutto ciò premesso, il segno della **h** -nell'esame grafologico- porta ad indicare una manifestazione di diffidenza, orgoglio, ribellione, vendetta, crisi di convivenza, gelosia, incapacità di umiltà.

Anche questa lettera ha un fattore di aggressività che si riversa sulle lettere necessariamente "conviventi".

Fra le precedenti manifestazioni indicate, appare la più significativa quella che indica la parola: vendetta.

Ma che cosa si indica per "vendetta"?

E' il risultato di una conversazione intima fra il "Presunto" ed il "Concreto".

E' lo scontro fra l'**io** possessivo" ed l'**io** degli altri".

"Vi amo se mi amiate, Vi odio se non mi amate".

La casuale ha infinite sfaccettature ed è nascosta nell'intimo del proprio essere.

Il torto (di qualsiasi natura) o il presunto torto subito scatenano le eventuali possibilità di reagire nei tempi opportuni.

Sono due i personaggi di Shakespeare (Hamlet e Mcbeth, tutti e due con le loro **h** ben visive nei loro nomi) che rappresentano i caratteri muti-aggressivi dello loro reciproche grafiche "h".

Il primo (Hamnlet : il rifiuto di "essere" e scaricarlo sugli altri nel chiedere vendetta, simulando un affronto generazionale; l'altro, è inverso: l'ambizione di "essere" e scaricando la propria vendetta sugli altri che non gli permettono di realizzare completamente i suoi scopi.

La base della vendetta è l'incapacità di saper realizzare praticamente i propri scopi. E' come una belva che non essendo in grado di raggiungere la preda, si scatena sulle altre belve per depredarli del bottino.

La presunta fermezza della lettera "h" è una simulazione, dovuta da istinti primari nascosti e sempre pronti a reagire in forma aggressiva.

Questa lettera, se non esibita nei modi opportuni, può dimostrare, nella stesura dello scritto, le sue ambiguità.

La lettera f
La lettera narcisista

Ed ecco la mia lettera grafologicamente preferita: la lettera **f**.

Non è che questa lettera mi compiaccia quale visione estetica gradevole, ma è una lettera di comando, vicina al mio carattere.

Questa lettera si divide in due parti:

la parte superiore indica: spiritualità, ideali e sogni;

la parte inferiore indica: materialismo.

La sola natura ambigua è data dall'asta di base che si può spostare, come un albero maestro di un vascello, a seconda degli avvenimenti che si incontrano.

Se l'asta si rileva bassa di altezza allora i sentimenti, le ambizioni si rilevano di basso livello. Nonostante l'individuo adori la "luce", preferisce -per non rischiare- mantenersi nel buio di una realtà occulta a tutti, anche a se stesso. Questa persona ama il teatro, ma detesta il pubblico, ritenendolo inadatto a comprendere la propria recitazione.

Purtroppo -nei tempi attuali- questo segno grafico (asta inferiore ridotta) è diventata una forza espressiva molto intensa.

Nella interpretazione del segno della **f** è importante esaminare il cosiddetto "Allaccio di base", cioè il collegamento dell'asta con la base della stessa scrittura ed in prospettiva della dinamicità delle altre lettere collaterali.

Il comportamento di questa lettera dimostra anche la capacità della persona di sapere e volere comunicare con gli altri.

Questo atteggiamento porta a rifiutare la realtà onestamente competitiva, addossando la propria frustrazione, nei confronti degli altri, giudicati non atti a comprendere le proprie presunte qualità, cadendo in una compassione personale che potrebbe portare ad una evidente Depressione.

La lettera g
La lettera della passione

"In letteratura la sessualità è un linguaggio in cui quello che non si dice è più importante di quello che si dice."
Italo Calvino - "Una pietra sopra l'altra".

Lo scopo della scrittura è quello di trasmettere all'esterno i messaggi ondulatori ricevuti dalle pulsazioni costanti delle onde cerebrali.

L'**io** -così contattato- elabora e trasmette segnali al mondo esterno, attraverso la grafia espressa dalla mano, dai muscoli attivati e sincronizzati dalla elaborazione manifestata dal cervello.

Precisato tutto questa sincronizzazione di moventi e di pensieri, potrete capire anche le motivazioni per cui è nato un ballo dal nome "Tango".

Il Tango, con la sua flessuosa movenza, i sospiri nascosti, i desideri, le speranze di un amore, conquistato tramite un sogno geloso e possessivo, allora potrete anche capire le motivazioni delle flessuosità della lettera **g**.

La lettera **g** è come una “regina” attorniata da solerti servitori: le “asole”, in una corte di occhielli ed aste.

Ma come una regina ama i suoi sudditi, attenta ad eventuali tradimenti.

L’asola inferiore è come il giullare che le sta sempre al fianco e la avverte

dei cambiamenti improvvisi dell’amore altrui, da quel momento la asola si può trasformare come una sottile “spada” sguainata e pronta a colpire.

Il coltello taglia, ferisce e così la lettera **g** si può trasformare, nella stessa scrittura e nei momenti alterni di ricordi affettivi, in segno duro, quasi lineare.

Da quel momento tutta la scrittura si trasforma, gli obiettivi vendicativi diventano i corridoi bui della Reggia (il foglio) e le cantine (le righe) il loro rifugio nascosto.

Nel mondo femminile odierno la scrittura mostra insistentemente questa solitudine con una lettera **g** contorta, abbandonata, scompigliata fra le altre lettere.

“Sola, dispersa, fra le righe bagnate dall’inchiostro, rimarrà il ricordo sbiadito di amori sognati, sospirati, immaginati, ma persi come un campo senza fiori, dato che quei fiori erano già stati recisi nel buio della notte.”

La lettera s
La lettera serpente

"Scrivere è viaggiare senza la seccatura dei bagagli"
Emilio Salgari

Se qualche persona ha passione per i viaggi, la lettera **s** si può rappresentare come il mondo misterioso del Continente indiano.

Questo viaggio potrebbe iniziare nell'individuare, negli anfratti della scrittura, una lettera ambigua: la lettera **s**.

Questa lettera, specialmente quando è scritta in stampatello, ha la forma di un "serpente" pronto all'attacco.

Sotto forma minuscola questa lettera è simile ad un serpente attorcigliato su se stesso.

Come un serpente si annida nella scrittura, creando legami sinuosi, infiltrandosi fra le altre lettere.

In grafologia viene generalmente indicata come la lettera del "gusto", della immaginazione, del senso estetico, della chiarezza, della intelligenza e dell'attività.

Queste indicazioni sono tutte intense ed interessanti, ma molto problematiche, molto espansive e tutte indirizzate ad una lettura facilitante.

La lettera **s** viene indicata da qualche grafologo come la lettera del "gusto", ma io direi: quale è questo "gusto"?

Avrei una risposta immediata: il gusto del "veleno"!

Questa lettera ha un comportamento ambiguo nei confronti delle altre lettere.

La prima cosa che mi viene in mente è il suo "sibilo" nel voler pronunciare questa lettera.

Nello scrivere la **s** ci si trova quasi sempre in difficoltà.

Mentre il riccio iniziale poggia su una base sicura, poi -improvvisamente- si scompone, si avvinghia, quasi regredisce su se stessa.

Questo avvinghiamento trascina verso la sinistra del foglio tutta la frase, quasi sia un ripensamento dello scrivente per una eventuale visione retrospettiva della scrittura.

Non è una lettera "simpatica" perché è portatrice di alternanze nella esposizione della scrittura: trascina dubbi e perplessità.

E -come una Regina- ha degli atteggiamenti egoistici con una potenza d'animo talvolta distruttivi.

La lettera L maiuscola
La lettera della malizia"

"L'uomo gode della gioia che prova, e la donna di quella che procura".

Pierre Choderlos de Laclos – "Le relazioni pericolose"

Uno sconosciuto ufficiale francese -nel 1781- chiede un congedo militare per poter avere la possibilità di terminare il suo romanzo "Le relazioni pericolose".

Il suo nome: "Pierre Choderlos de Laclos".

Il libro riporta una corrispondenza fantasiosa fra due personaggi sottomessi da una malizia ossessiva.

Lo scopo di tutto questo carteggio, è l'esprimere i loro sentimenti più marcati: l'amore respinto e la relativa vendetta!

In grafologia, nell'esaminare uno scritto, questa situazione si trova spesso.

In questo contesto la lettera "L maiuscola" è una lettera che anticipa gli avvenimenti susseguenti.

E' questa stessa lettera che predispone, legata con le lettere **a** e **o**, ad infiammare i sentimenti sopiti.

Chiaramente, il tutto sorgendo da un **io** avvilito, umiliato, forse anche deriso che chiama alla vendetta.

In questa situazione, i legami della lettera **L** avvinghiano, come tentacoli- le lettere seguenti.

La lettera **g** si trova in una situazione obbligata a dover manifestare la repressione subita.

La lettera **g**, proprio per la sua sensualità espressiva, potrà in questa situazione di tensione esprimere la possibilità emotiva di riavvicinamento fra le persone coinvolte in questa situazione particolarmente intima.

La lettera M maiuscola
La lettera del "malato immaginario"

"Si muore una sola volta, ma per tanto tempo!"
Molière – "Il dispetto amoroso"

Si immagini una Scena teatrale.

Il sipario -alla sua alzata- fa apparire sul palco un'ampia stanza, dove è situato un enorme letto, addobbato da numerosi cuscini e stazzonato da disordinate lenzuola.

E' lo stesso Autore Molière che ci trasporta, tramite questa Commedia, nel tardo Seicento.

Il protagonista: Argante è ossessionato dalla "presunta"

manchevole salute.

In Grafologia, il "presunto" malato viene osservato nell'ambito dello spazio occupato dal maestoso "letto".

E' la lettera **M** maiuscola che allerta l'attenzione del grafologo, dato che questa lettera, per la sua composizione a "piramide", trasporta il ritmo intensivo di comunicazione tra il Cervello e l'Intestino.

Il Prof. Michael Gershon nel suo Libro: "Il secondo Cervello – gli straordinari poteri dell'intestino" rileva:

"Le ultime ricerche di Neuroanatomofisiologia indicano l'importanza del ruolo dell'intestino a livello della vita emozionale ed organica."

Il Prof. Umberto Veronesi in un lungo articolo, datato 4 agosto 2004, dal titolo: "La Grafologia è una scienza e ci dice anche quanto siamo sani", scrive:

"Io credo che la Grafologia abbia senz'altro un carattere scientifico...

La Grafologia è un metodo scientifico, che può aiutare a conoscere meglio le persone...

E la scrittura, infine, può essere interpretata anche sotto il profilo medico: si riesce a capire se si tratta di un giovane o di un anziano, e ci sono casi, che la "Disgrafia" (Alterazione della scrittura) ci rileva molte anomalie funzionali ed organiche: disturbi respiratori, cardiovascolari, intossicazioni, malattie nervose, alterazioni mentali o condizioni psicopatologiche."

Noi possiamo essere i migliori esaminatori di noi stessi.

A tale riguardo la lettera **M** maiuscola ha una efficacia dimostrativa attraverso l'esame di due fattori essenziali: la cuspide finale e le due "gambe", sulle quali poggia la stessa cuspide.

Iniziando ad esaminare la "cuspide" è importante -dal suo tratteggio- separare l'andamento a "v" dall'andamento a "Cupola capovolta".

La paura delle malattie, insita -più o meno-in ogni persona è tratteggiata da questo andamento: "Curvilinea in basso": paura esistenziale (il malato immaginario).

Sono -invece- l'andamento delle due "gambette" a diagnosticare una eventuale situazione difficoltosa.

L'andamento "tremolante" è una visibile possibilità di un collegamento alternante fra il Cervello e l'Intestino; osservabile anche tramite l'osservazione delle lettere collegate con la scrittura alla lettera " M maiuscola".

Importante osservare con serenità il proprio "essere", il proprio "divenire" e la propria conoscenza.

A tale proposito, il mistico indiano Ramana Mamarshi scriveva:

"Come il pescatore di perle si lega una pietra alla vita e si immerge nelle profondità marine per raccoglierle, così ognuno di noi deve armarsi di distacco, tuffarsi all'interno di se stesso e ottenere la propria perla".

La lettera t
La lettera tagliente

"A che serve parlare delle lunghe, lunghissime ore di orrore peggio che mortale durante le quali contai le oscillazioni dell'acciaio che acceleravano centimetro a centimetro, millimetro a millimetro, con una discesa apprezzabile solo a

intervalli che sembravano secoli: veniva giù, sempre più giù!... Il pendolo oscillava ad angolo retto con il mio corpo allungato. Capì che la mezzaluna era stata progettata per attraversarmi la regione del cuore."

Edgar Allan Poe – "Il pozzo ed il pendolo"

Forse il Dottor Guillotin aveva sotto i suoi occhi la lettera **t** quando pensò di inventare una macchina in grado di tagliare la testa – in un batter d'occhio- ai criminali condannati alla morte.

In qualità di deputato di Parigi, il Dottor Guillotin fece approvare dall'Assemblea Costituente il principio dell'esecuzione egualitaria.

La ghigliottina entrò in funzione il 25 aprile 1792, mozzando la testa di un ladro di nome: Pelletier.

La lettera **t** -nella sua composizione grafica- è composta da un'asta tagliata o sovrapposta da un trattino orizzontale, simile -così- ad una minuscola ghigliottina.

E' questo trattino che determina la relativa analisi grafologica.

L'asta -nella sua altezza- è importante, ma si trova in contrasto dal limite imposto da questo prevaricante segno, quale è il trattino superiore.

Questo trattino si presente in vari modi: lineare, limitato, spostato a sinistra, a destra, in basso.

In effetti spadroneggia incontrastato su tutta la lettera.

Questo segno è come una lama affilata, taglia ogni possibilità di realizzo di inespresse speranze future.

La lettera **t** non ama le altre lettere, le respinge, spingendole – il più possibile- alle estremità dello scritto.

Questo segno non lascia spazio alla creatività: è un segno negativo.

Però anche in questa lettera esiste la possibilità di un "dualismo", a seconda della lettera che la anticipa o che la segua.

Specialmente l'incontro eventuale con la lettera **o** può portare ad una trasformazione di atteggiamento, diventando un segno protettivo.

Una immagine biblica può far meglio rappresentare questo stato di atteggiamento affettivo.

Nel Libro di "Rut" alla domanda che viene posta:

"Chi sei?" la risposta è: "Sono Rut, tua serva; stendi il lembo del tuo mantello sulla tua serva."

In questo caso l'immagine del mantello manifesta una analogia grafica della lettera **t**, quando incontra il segno della **o**.

Questo segno, nella ricerca grafologica, rappresenta -nella sua complessità- la bellezza e lo stimolo per procedere nello studio della Scrittura.

La lettera b
La lettera del falso benessere

"Che cosa è un bacio? Un apostrofo rosa fra le parole "T'amo".

Edmond Rostand – "Cyrano de Bergerac"

La lettera **b** si trova sparsa in tutti gli scritti.

E' molto curiosa che appena può "bacia" le lettere che si accostano nella scrittura.

Questa lettera vive di rendita, dovuta anche dalla sua stessa natura grafologica. Non è una **d**, non è neppure una **l** e nemmeno una **h**.

Essendo una lettera "orfana" cerca insistentemente una posizione rafforzativa o diminutiva, specialmente nel raddoppio (doppia **b**) o come rafforzativo di una parola psicologicamente importante, nella complessità della frase.

E' come un invitato, non lo vedi, ma è sempre presente; tanto questa lettera ha una forte capacità attesa.

Oltretutto, la lettera **b** è narcisista, sa che la sua opulenza grafica, dà un senso di "falso benessere" allo scrivente.

Questa lettera riempie il foglio con la sua possessività grafica e non dà apparenti problemi; in fin dei conti è come un bacio sulla bocca: rapido, sospiroso e -come un fiore esotico- assorbe l'atmosfera circostante.

La punteggiatura
L' "incubo" della Grafologia

" Zaysen: chi sei tu?
Rambo: il tuo incubo peggiore!"
Film: "Rambo terzo".

Quante volte nello scrivere correttamente, si incontra l'"incubo" della punteggiatura?

Al termine di una frase, redatta con soddisfazione, la domanda arriva rituale: cosa deve scegliere come atto sospensivo?

Una virgola, un punto e virgola, due punti o un punto interrogativo?

A quel punto la scrittura mi chiede e mi risponde -nel contempo- con una sola domanda: "Chi sei tu? E la risposta è sempre la stessa: "Il tuo incubo peggiore!"

Basta un errore è tutto può cambiare. Il senso della narrazione, la specifica dei sentimenti, delle ansie, delle paure o della gioia.

Il tragico può diventare ridicolo o viceversa.

A quel punto, la persona coscienziosa seguirà delle regole grammaticali precise, ma attenzione -in grafologia- tutto è interpretabile.

In grafologia il termine "punteggiatura" ha i seguenti significati:

- Accenti e punti collocati in alto: idealismo, ambizioni, illusioni.
- Accenti e punti collocati più avanti della lettera: precipitazione, slancio, foga.
- Accenti e punti collocati con precisione: ordine, riflessione.
- Accenti e punti collocati in basso: materialismo, calcolo, riflessione.
- Punti esclamativi ed interrogativi a profusione: estroversione esasperata.

Scegliere è -come sempre- una ricerca di miglioramento, di superare momenti di difficoltà e la scrittura, specialmente nella "punteggiatura" si fanno scelte in un'altalena di difficolta espressive.

Lo scrittore **Eugenio Montale** riportava -in un suo scritto **(Farfalla di Dinard: il volo dello sparviero**)- la seguente frase:

"Coltiviamo la nostra infelicità per avere il gusto di combatterla a piccole dosi.

Essere sempre infelici, ma non troppo, è condizione "sine qua non" di piccole ed intermittenti felicità".

Il Rigo

La scrittura emotiva

Scrivo, penso. Penso, scrivo.

Il "gioco" perpetuo, continuo fra il cervello e la parola corre su un binario che è la riga -possibilmente- lineare della scrittura.

Il cervello costruisce, si narra delle storie.

Probabilmente, il libro "Le mille e una notte" è la sua lettura preferita.

Le favole si rincorrono, ma poi si fermano quando la parola assume la forma attuativa della realtà.

Questa comunicazione diviene difficoltosa, quando la realtà si impadronisce della fantasia, confrontandosi continuamente con la realtà.

Allora bisogna terminare di fingere, di credere e prendere atto che i "fanciulli", nascosti dell'intimo della storia primordiale dell'**io**, devono abbandonare il mondo fantastico delle favole.

Il rigo dello scritto, come un binario del treno, indica lo stato della realtà dello scrivente.

Il rigo pendente rappresenta lo sconforto di realizzarsi con la realtà quotidiana.

Il rigo ascendente è la rappresentazione di una realtà illusoria, instabile e rappresentativa di visioni ingannevoli.

Il rigo lineare è la manifestazione di concretezza e di ricerca di equilibri emotivi.

In merito alle due espressività del rigo (inferiore e superiore) occorre ritrovare il proprio benessere relativo alla propria scrittura emotiva.

Occorre ritrovare se stessi; occorre trovarsi, tramite un quotidiano scrivere -come in un diario- l'intimo delle proprie esperienze.

Questo atteggiamento giornaliero potrà diventare -così- una scrittura terapeutica.

"L'esperienza non è ciò che accade a un uomo: è ciò che un uomo fa con quel che gli accade" - Aldous Huxley.

Costruire tramite la grafologia

A conclusione del terzo capitolo si pone la domanda: "Ma che cosa è la Grafologia?"

La Grafologia è la libertà dell'inconscio, abbandonata su un foglio accumulato da righe non apparenti, ma rigidamente segnate sa un cervello, attento ad ogni segnale esterno.

La "lotta" intima avviene nella espressività di sentimenti catalogati, ma tenuti aggregati da ritmi di sincerità e di bugie.

A scrivere non è il singolo individuo, ma il suo cervello. L'individuo può mentire, il cervello No! Il cervello ordina e l'individuo obbedisce.

Non ci sono alternative, tutto è da sempre programmato.

L'uomo non ha scoperto la scrittura; è la scrittura che ha scoperto l'uomo.

La comunicazione è l'unica possibilità che è stata fornita per programmare un futuro che ha un unico scopo comune: la sopravvivenza dell'Umanità.

Nel momento in cui si concretizza la realizzazione della vita, la formazione del cervello, come centro -sia difensivo e sia aggressivo- diventa la esigenza primaria.

Questa esigenza primaria si realizza a mezzo della comunicazione che alfabetizza i propri segnali, mediante una modulazione segnaletica.

Per il cervello il primo problema che deve affrontare è quello di decidere quale sia il migliore sistema da adottare.

Sono i suoni primari del nascituro che gestiscono la comunicazione primaria che manifesta le proprie esigenze di sopravvivenza.

In tal modo, la Grafologia nasce e si trasforma in Uomo.

<u>CAPITOLO QUARTO</u>

L'ignoto in Grafologia

Viaggio verso l'ignoto

“La più antica e potente emozione umana è la Paura, e la Paura più antica e potente è la paura dell’ignoto”.

Howard Phillips Lovecraft

Lovecraft è riconosciuto tra i maggiori scrittori della letteratura horror americana.

L’ignoto sovrasta in tutti i suoi racconti e romanzi, dove il protagonista deve sempre affrontare questo incubo: l’ignoto!

Nel racconto “La visione del Caos” lo Scrittore dà una precisa concezione dell’ignoto:

“Poco a poco, ma inesorabilmente, si insinuò nella mia coscienza e giunse a dominare ogni altra sensazione, una sconcertante “Paura dell’ignoto”: paura tanto più grande in quanto non riusciva ad analizzarla e che sembrava riguardare un pericolo che si faceva sempre più vicino”.

Altri Autori hanno scritto in merito all’ignoto:

“La verità essenziale è l’ignoto che mi abita e ogni mattina mi colpisce come un pugno”.

Carlos Drummond de Andrade

“Ciò che non siamo in grado di gestire ci è ignoto; e l’ignoto fa paura”.

Zygmunt Bauman

“Nulla l’uomo teme di più che essere toccato dall’ignoto”.

Elias Canetti

Tutti questi scrittori succitati esprimono una angoscia comune: la

Paura per l'ignoto".

La paura è l'emozione che incontra l'uomo sia se intuisce preventivamente dell'oggetto individuato (lo spavento), sia se incontra qualche cosa di individuabile (l'angoscia).

Ecco che appare una nuova parola: "Angoscia".

L'Angoscia rappresenta il profondo senso di pericolo che si sviluppa nell'inconscio; è un luogo della psiche, del profondo ed è proprio lì che si rivolge la ricerca e l'analisi del grafologo.

La Scrittura registra i propri stati d'animo che vengono rappresentati da segni grafici.

L'ignoto e la lettera t

Sono numerosi -in grafologia- i segni che rappresentano i diversi comportamenti individuali verso il mistero dell'ignoto.

Fra tutti questi segni, il più esplicito è il segno della **t**.

Tale segno manifesta, nel contorno delle altre lettere collegate nella parola, l'atteggiamento dell'individuo nei confronti dell'ambiente circostante.

La lettera **t** esprime singolarmente anche una capacità verbale, inserita in una energia emotiva che può -nei confronti dell'ignoto circostante- apparire, nei confronti di una risposta ambientale, in una forma aggressiva o sottomessa, a secondo della risposta individuale che si vuole affrontare.

Il taglio della **t** – a secondo della sua posizione grafica- è un punto di riferimento con l'**io** cosciente od incosciente a secondo del momento emotivo

La lettera **t** – in grafologia- è un segnale importante per comprendere quale sia il comportamento individuale nei confronti dell'ignoto.

L'asta, scritta con taglio modestamente basso, indicherà la notevole preoccupazione dello scrivente verso l'ignoto.

Il taglio in alto e sempre in ascesa darà la possibilità di individuare uno spirito più concreto ed adattabile.

Attenzione -però- che un taglio che sovrasta notevolmente l'asta centrale, porterà a valutare una posizione in cui può apparire un coinvolgimento dell'ignoto come affermazioni future in uno scompenso emozionale, dove l'ignoto diventa quasi un complice di affermazioni sperate ed attualmente inesistenti.

In questo caso il "buio" dell'ignoto non è un ostacolo, ma quasi un complice!

L'ignoto e la lettera d

La lettera **d** , per il suo comportamento ed il legame con le lettere collaterali, ha una sua manifestazione espressiva intensa che indica anche situazioni che si possono contrapporsi ad atteggiamenti della propria personalità.

Importante è osservare il comportamento dell'asta di questa lettera.

Ad esempio: una **d** con un "riccio" finale mostra una situazione intensamente complicata nel dialogo comunicativo.

Questo segno è la dimostrazione latente di una aggressività diretta alla difesa del proprio spazio vitale.

In uno Studio di Freud del 1932 viene esaminato il comportamento aggressivo umano, visto come una pulsione di "morte".

A tale riguardo l'uomo -oggi- ha un concetto deterministico della "morte": "vivo, perché -infine- devo morire".

Tutto ciò gravita sempre intorno al concetto della "paura".

Nello scrivere normalmente, la lettera **d** svolge un compito di allerta; avverte l'eventualità che le possibilità di evidenziare le proprie possibilità di manifestare il proprio "ego" non siano riconosciute, apprezzate ed appagate.

Tale situazione crea un proprio isolamento che avvicina la persona alla ricerca di "misteri" oltre la vita.

"L'origine della solitudine umana: essere sperduti in un mondo troppo grande, che ci divora tutti quanti ad ogni istante".

Jack Kerouac – "Un mondo battuto dal vento"

L'ignoto e la lettera l

La lettera **l** esprime la propria spiritualità, i propri ideali che si vogliono raggiungere.

Nell'inconscio rappresenta la richiesta di attenzione da porre nella richiesta di fronteggiare la paura dello sconosciuto che potrebbe essere immanente.

L'incrocio dell'asta con il filetto di base è come un regolo che calcola e definisce la capacità di saper definire il mondo personale con il mondo sconosciuto.

Una lettera **l** regolare, ben definita, indica che la propria ragione si rende conto della realtà circostante, ma anche l'eventuale incontro con avvenimenti sconosciuti.

Uguale attenzione occorre porre nell'esaminare il comportamento degli asoli, disposti con l'asta della lettera.

L'eventuale rigonfiamento dell'asola è una manifestazione espressiva della richiesta di attenzione.

Tale atteggiamento grafico, se sovrasta le lettere conseguenti, potrebbe attestare una situazione personale instabile che manifesterebbe un atteggiamento paranoico.

Cosa si intende -oggi- per “Paranoia”?

La paranoia è un disturbo delirante di tipo persecutorio; non è un disturbo d’ansia, ma una psicosi, un disturbo delirante.

In questa situazione comportamentale, la persona perde completamente il suo atteggiamento precedentemente usuale e comincia ad attribuire il suo stato di incompatibilità ambientale alla Società, estranea a quelle che sono le sue presunte capacità espressive.

La paranoia è un delirio cronico, basato su un sistema di convinzioni, principalmente a tema persecutorio, non corrispondenti alla realtà.

“Ora vivo in un Mondo di fantasmi, rinchiuso nei miei sogni e nelle mie fantasie”.

Antonius Block – “Il settimo sigillo”

L’ignoto e la lettera p

Anche la lettera **p** -come la lettera **l**- ha un comportamento decisivo nel poter segnalare eventuali presenze paranoiche.

L’asta della **p** che sostiene il segno grafico è la manifestazione dello stato psicologico del segno.

Tale situazione è basata sull’insofferenza verso il giudizio negativo altrui.

Anche in questo segno – come per la lettera **l** - quando l’asta si trasforma con un eventuale rigonfiamento dell’asola può rilevare un soggetto paranoico.

Dal momento che subentra questo nuovo atteggiamento, subentrano nella persona degli atteggiamenti di diffidenza, di orgoglio umiliato, di ribellione e – il più terribile- quello della gelosia.

Da quel momento subentrerà inconsciamente la figura teatrale di "**Iago**" (**"Otello" di Shakespeare**) e mormorerà anche lui la frase:

"Oh, state in guardia della gelosia, Signore! Mostro dagli occhi verdi che si fa gioco del cibo che lo nutre".

L'ignoto e la lettera o

Nella simbologia del linguaggio la lettera **o** esprime lo stato d'animo evolutivo dei sentimenti sia intimi che espressivi.

Fondamentale -in questa lettera- è osservare il comportamento dell'occhiello in alto a destra, quando esso è presente.

L'occhiello formato a riccio, significa che la persona tende a nascondere se stesso all'osservazione degli altri.

Invece l'**o** con trattino finale a "spadino" (legamento spadiforme) dimostra nella persona una forte tenacia nel voler raggiungere gli scopi da lui prefissati.

L'ignoto e la lettera m

La lettera **m** è una lettera ambigua, una lettera ampollosa.

L'ampiezza del segno dimostra una volontà di voler occupare, nella propria realtà, più spazi possibili.

E' una lettera autoritaria e, anche se collegata con altre lettere, mantiene sempre le distanze.

Per questa lettera l'invisibile non è in contrasto con il visibile perché la propria realtà supera ogni ostacolo di visibilità.

L’ignoto e l’io cerchiato

La Grafologia potrebbe essere definita come una manifestazione fisica ed spirituale del proprio **io**.

Lo Studio della Grafologia è la scoperta del “non manifesto”, attorniato da un linguaggio inconsciamente “mascherato”, tramite simboli alfabetici, in un linguaggio comunicativo.

In tale situazione ambientale, la Scrittura procede tramite un processo progressivo che si muove in modo orizzontale.

L’**io** nascosto rincorre il flusso della “scrittura” che si muove nel voler occupare lo spazio del foglio.

E’ quello stesso spazio che limita la voglia inconscia di essere conosciuto, capito e -possibilmente- condiviso.

Fra i vari segni espressivi, l’**io** cerchiato” è il più caratteristico per la sua espressività.

Questo segno è comparso recentemente nella Scrittura ed è -principalmente- una manifestazione prettamente femminile.

In questa situazione espressiva la persona si trova divisa in una dualità contrastante nella manifestazione di un desiderio, apparentemente non ascoltato.

I desideri nascosti sono una parte integrante della propria personalità e, non avendo altri mezzi per manifestarli, si rifugia in un simbolo grafico inconscio, ma rappresentativo del linguaggio orale non espresso.

L’**io** cerchiato -diventa così- un messaggio sensuale dove l’esibizione del “cerchietto” sulla **i**, diventa espansivo e rappresentativo del proprio sistema limbico, trasmesso tramite il comportamento dei propri Neuroni, ai Centri emozionali.

I Neuroni si attivano dato che è proprio il desiderio comunicativo che esige la espressività della comunicazione affettiva.

Lo scopo è quello di evidenziare la manifestazione dei propri sentimenti nel modo più possibile visivo.

Tutto questo perché -a differenza del mondo animale- non è sociologicamente accettabile la esibizione plateale della richiesta di affettività sessuali.

Per tale motivo, la visione estetica comportamentale viene delegata -inconsciamente- alla scrittura.

Per tale motivo, l'**io** circolare" è un metodo segnaletico per evidenziare il proprio sentimento.

Il "circolo", scelto come puntino sulla **i**. diventa il centro di attrazione della scrittura verso il mondo esterno.

L'attenzione, così manifestata, resta in attesa di una risposta affettiva in merito ad un sentimento in tale modo espresso.

Tutto -però- rimane vincolato da comportamenti sociali che limitano le possibilità comunicative.

L'**io** cerchiato" rimasto -eventualmente- inascoltato, scomparirà e farà ricadere sulla propria scrittura la sconfitta subita.

L'empatia cessa di essere attiva, non comprendendo l'altrui comportamento.

Il sentimento non trova una valida risposta ed -a quel punto- l'imitazione comportamentale cessa di esistere.

Tutto ciò premesso suggerisce che la "**i circolare**" può essere una dimostrazione che questa lettera ha poche connessioni con una realtà attuative, dato che il mondo del "fantastico" crea -in mancanza di coraggio- una situazione, dato che non può essere un semplice segno grafico a realizzare una aspettativa di vita futura.

A tale proposito vorrei ricordare un aforisma del commediografo **Alberto Casella**:

"L'amore è passione, ossessione, qualcuno senza cui non vivi.

Dimentica il cervello e ascolta solo il cuore.
Devi tentare, perché se non hai tentato non hai mai vissuto!".

L'ignoto e la lettera "g"

Nell'ambito di un esame grafologico di uno scritto, la lettera **g** occupa il maggior spazio possibile verso il basso.

La **g** si "aggrappa" alla propria struttura "abissale" del sottosuolo della Scrittura, trascinando le lettere contigue.

La lettera **g** -in tale situazione- riceve una spinta dal basso verso l'alto, formando un "angolo evolutivo" che determina l'emotività di tutta la parola.

In tal modo: ciò che è "nascosto" diventa visivo, assumendo delle "vesti Interpretative" suggerite dai propri sentimenti, ma tenuti nascosti per la paura che essi diventino palesemente evidenti.

Nella casistica grafologica sono numerose le indicazioni specifiche per questo segno:

frigidità, libido, difficoltà sessuali, delusioni, traumi sessuali, pudore, perversioni, autoerotismo, esibizionismo, fantasie sessuali.

Inoltre gli allunghi della parte inferiore della **g**, più sono estesi e maggiormente indicano: vitalità, aggressività, autoaffermazioni, passione.

La **g** -inoltre- è un indice di solitudine, dovuta ad accadimenti di carattere amoroso.

Nella lettera **g** può apparire evidente, maggiormente nella donna che nell'uomo, la propria situazione di sentimenti repressi.

L'aggressività della **g** apparirà evidente quando la delusione subita sarà appariscente nel comportamento usuale.

L'ignoto e la lettera "u"

"Ho imparato che le persone possono dimenticare ciò che hai fatto,
ma non dimenticheranno mai come le hai fatto sentire".

Maya Angelou – "Il canto del silenzio"

La lettera **u** esprime la vita interiore, la ricerca di vitalità, un contatto con gli altri.

La sua forma grafica ha una espressività particolare: le sue "gambette", dirette verso l'alto, sembrano due "manine protese".

Questa configurazione fa intravedere un dinamismo intimo tutto suo, tendente a far crescere un desiderio di comunicazione affettiva.

La lettera **u** vuole esprimere una speranza di vita - maggiormente lo spazio fra le due "manine" si allargherà- si potrà manifestare il desiderio di una richiesta di verità emotiva, trasformandosi - eventualmente- in una passione costante.

L'ignoto e la lettera "v"

"E' molto più corretto che un mistero resti tale, piuttosto che fingere di
conoscere una spiegazione".
Richard Phillips Feynman

Per la lettera **v** ho voluto consultare numerosi testi di grafologia che mi hanno fornito il seguente risultato:

v risalente leggermente sulla minuscola seguente: sentimento del dovere.

v che ricopre leggermente la minuscola seguente: senso del dovere portato al suo zelo.

v che ricopre interamente la parola: protezione, orgoglio.

Queste analisi, anche se interessanti, per me erano fuorvianti.

L'esame, così come redatto, cadeva nella trappola visiva della lettera **v** individuando la forma più semplice dell'analisi: "senso del dovere".

La mia risposta -in merito- è notevolmente diversa.

Questa lettera ha una capacità inclusiva notevole: riesce ad "incorporare" la propria volontà a quella degli altri.

Freud attribuisce all'incorporazione tre significati:

1) procurarsi un piacere penetrando, con la propria personalità, nella personalità degli altri per poterla plagiare;
2) distruggere la personalità plagiata;
3) assimilare le qualità intrinseche del soggetto incorporato.
4) Freud -in seguito- è ancora più esplicito parlando di "coazione"

"La coazione indica una tendenza coercitiva e irrazionale che spinge l'individuo a mettere in atto determinati comportamenti di cui egli stesso riconosce l'inutilità, ma la cui mancata esecuzione provoca in lui una sensazione di angoscia".

E con questa affermazione si torna al concetto di "possessività" che è la tendenza a volersi impadronire -in modo esclusivo- il soggetto amato.

Amore/odio che caratterizzano la relazione tra una persona e l'istanza del proprio **io**, facendolo arrivare ad uno stato primordiale di "vampirismo psicologico".

Una rappresentazione intensa **dell'io** possessivo nel campo amoroso la si rileva in un racconto di **Edward Free Derick Benson: "il volto**".

"Non appena posò una mano sulla spalla dell'uomo, questi si voltò.
La cinse con un braccio, e la donna fu costretta ad affrontare quel volto dagli
occhi ravvicinati e dalla bocca per metà sorridente e per metà deformata in un
osceno sogghigno, in cui brillavano dei denti aguzzi.
L'incubo la travolse; non riuscì né a fuggire né a gridare, e l'uomo,
sorreggendola nel suo incedere strascicato, scomparve con lei nella notte".

E' interessante notare la conclusione della frase:

"Scomparve con lei nella notte".

Questa è la simbologia tipica della lettera v, Nell'Epoca attuale, tale grafia la si trova specialmente nel mondo femminile, molte volte "plagiato" dal "vampiro" di turno.
Infine, bisogna prendere atto che questa lettera riesce a mantenere intatto il suo "ignoto".

L'IGNOTO E L'ONDA GRAFOLOGICA

Conoscere l'"Onda" intima di se stessi, porta l'individuo ad una progressiva crescita umana.

James Hillman- "Il potere, come usarlo con in intelligenza" (1995) scrive:

"Nel gergo terapeutico si parla della "crescita interiore" che porta alla maturità psicologica e che assume il significato di "essere padroni di sé", farsi carico della vita, avere potere. La nostra personale "crescita" individuale non segue il percorso che immaginavamo da bambini."

In tale contesto, l'analisi grafologica porta a rilevare un approfondimento di sentimenti relativi alle intuizioni relazionali.

Ad un certo punto del proprio sviluppo emotivo, l'Onda -nel suo evolversi- può assumere una "maschera" civica.

Cicerone -richiamando Seneca- scrive:

"Fai di te il genere d'uomo che vuoi che la gente creda che tu sia."

Sullo stesso argomento Machiavelli (Il Principe) riporta questa frase:

"Il tuo modo di entrare in scena mostra chi sei".

L'uomo -per istinto- cerca di prevenire, dirigere o inibire gli imprevedibili interventi della Fortuna, coprendo -quando occorre- coprire il proprio viso con una "Maschera" appropriata al momento in occorra farlo.

L'importante è creare il proprio Carisma; essere la persona giusta al momento giusto.

Kafka ("Quaderno terzo") dubitava di questo atteggiamento, dato che lui -avendo una personalità molto timorosa- aveva paura dell'ignoto e della difficoltà, da lui sempre riscontrata del rapporto con gli altri, perciò scriveva:

“L’elemento “diabolico” assume -a volte- le sembianze del bene o -addirittura- vi si incarna in pieno, se non me ne accorgo- è chiaro che soccombo è dovuto dal fatto che questo finto bene è più seducente di quello vero.”

L’uomo si trova così in una specie di “Equilibrio elastico”.

In tale caso è sufficiente che, in una ipotetica situazione di equilibrio psichico instabile, una causa esterna possa far cambiare la propria etica di comportamento morale in una nuova ricerca che prescinda dall’usualità dei comportamenti sempre adottati.

Nell’esame dei fenomeni di instabilità è di formale importanza -in grafologia- conoscere il comportamento dell’evolversi della scrittura della persona.

In questa situazione, la scrittura si trasformerà da “onda” costruttiva in una oscura improvvisa realtà.

Nel momento odierni, questa evoluzione grafica la si riscontra nella lettera **g**, specialmente nel mondo femminile che deve scontrarsi con delle dure realtà quotidiane.

La donna, esposta maggiormente agli eventi, si pone la preoccupazione del proprio avvenire che non viene recepito dal mondo maschile perché la loro quotidianità si è adattata a diventare la regolarità nel mantenere un rapporto per la donna instabile, maggiormente appesantito con il procedere dell’età.

Mediante “la Teoria dell’equilibrio elastico” si dimostra che il tempo umano viene influenzato da diversi fattori esterni -fra quali l’ambiente sociale- che possono influenzare improvvisamente la psiche dell’individuo, manifestando dei nuovi coinvolgimenti interni.

L’amore dimostra nuove esigenze espressive che richiedono nuovi valori, quasi sempre in confronto di stabilità, non solo emotiva, ma anche formale.

In quel momento “anagrafico” è l’”ombra oscura” della psiche che ha il sopravvento.

A tale riguardo, **Jung -nel 1938-** ha dato questa indicazione, riguardante la parte oscura della psiche:

“Ognuno di noi è seguito da un’ombra.”

L’”ombra” cerca di insinuarsi sempre nei rapporti che l’uomo instaura con se stesso e con gli altri, nel corso della propria vita.

Lo scrittore americano Mark Twain scrive:

“Ognuno di noi è una Luna: ha un lato oscuro che non mostra mai a nessun altro.”

Iago (Otello – Atto primo -scena prima):

“Io non sono quello che sembro.”

In queste sei parole esiste una sintesi terribile:

“Io non sono realtà, sono il simbolo della realtà.

La mia Ombra diventa la vera rappresentazione di me stesso.

“Io esisto, perché la mia Ombra farà tutto il possibile per possedere la tua Ombra”.

“Io recito, dato che sono l’Attore di me stesso.”

Per tali motivi, la vita apparirà come un palcoscenico intenso di verità, bugie e contrasti.

A tale proposito, il fisico Einstein rammentava:

"Sono grato a tutte quelle persone che mi hanno detto: "No"
E' grazie a loro che sono quel che sono!"

L'ignoto e l'indizio grafologico

Nell'osservare un testo scritto a mano, per un eventuale esame grafologico, è importante "centralizzare" lo sguardo sulla stessa scrittura e verificarne il centro pagina.

Questo "centro" risulta essenziale per intuire quale possa essere l'"Attrazione gravitazionale" del foglio stesso.

Questo "Centro" potrebbe risultare nevralgico perché attorno ad esso si muoverà l'espressività della psiche che per sua natura è centralizzata del movimento intenso dei neuroni.

Così come nel movimento concatenante delle "Palline oscillanti" (noto gioco vibrante), anche la prima lettera, la prima parola, la prima frase, si sincronizzeranno, spingendosi a vicenda.

In tale modo il movimento esprimerà la propria forza evolutiva nell'espandere la scrittura nel foglio.

Maggiore è la forza e maggiore sarà la possibilità di affermare - nella scrittura- il proprio "io" comunicativo.

Nel poter evidenziare tale andamento grafico, sarà importante l'esame rivolto al movimento di due lettere: la **c** e **l**.

La curvilinea di queste due lettere darà l'andamento del movimento centrale della scrittura nel foglio.

Le alterazioni del linguaggio grafico

Oggi, nel Secolo XXI, la scrittura manuale appare generalmente sconosciuta.

Altri mezzi, sia vocali che televisivi, hanno occupato spazi, sostituendo le precedenti comunicazioni manuali (lettere, biglietti, annotazioni, ecc.).

Oggi -inconsciamente- si teme il dover affrontare l'impegno di dover redigere una eventuale comunicazione scritta.

Tale comportamento sta -lentamente e costantemente- danneggiando le proprie capacità comunicative.

A tale riguardo, il neuropsicologo del linguaggio grafico Aleksandr Lurija affermava:

"Nella genesi di ciascun atto grafico interviene non solo la componente visiva, ma anche l'analisi uditiva."

Per tale motivo la Scrittura riceve un messaggio inconscio di adattabilità con una "alterazione grafologica del linguaggio comunicativo".

In tal modo i sentimenti si nascondono e riaffiorano repressi attraverso messaggi istintivi "tribali".

E' come se la Regione Parieto-occipitale della corteccia cerebrale avesse subito una lesione, provocando così delle alterazioni dell'analisi visiva e -per conseguenza- della scrittura.

Nasce così la necessità di cercare altri percorsi, attraverso i quali la funzione grafologica può svolgere il proprio ruolo.

Le altre vie da percorre sono quelle di riesaminare il comportamento grafico di alcune lettere e le loro asole: (nella **b – f – g – h - l**) e negli occhielli nella; (**a – d – g – o - q**).

Fra tutte queste lettere è la **g** che mostra un andamento "storico" assai intenso nella sua variabilità.

L'asola della lettera **g** si è notevolmente potenziata nell'esprimere la sua potenzialità di immagine; assumendo una importanza maggiore nell'indicare la forza seduttiva ed attrattiva, specialmente nel comportamento sociale.

Per una nuova Grafologia

Considerato quanto in precedenza esposto, viene spontaneo esprimere la possibilità di realizzare una nuova "Grafologia".

Questa scelta comportamentale è determinata dalla diversa esposizione grafologica, richiesta dai nuovi comportamenti sociali, da una nuova realtà umana.

Oggi, la realtà comunicativa è molto complessa e supera ogni tipo di immaginazione.

Oggi, l'osservazione grafologica ha nuovi compiti molto più complessi di quelli affrontati in una realtà conoscitiva non lontana nel tempo.

La forma egoistica appare -nello scritto- molto più evidente nel passato e certi esami grafologici si trovano ad affrontare delle lettere che non comunicano più -come nel passato- certi valori interpretativi.

Quelli che erano dei sentimenti di valore, non appaiono più evidenti e cercati.

L'"io telematico" diventa realtà e trascina -nello svilupparsi continuamente- la ricerca irreale di un futuro, quasi sempre irrealizzabile nel confronto quotidiano con aspettative illusorie.

Il singolo **io** egoistico, diventerà -sempre di più- un "noi" corale!

L'incontro finale

Ormai la notte era diventata inoltrata.

Non sapevo se i miei tre "ospiti" mi avevano ascoltato fino alla fine di questa mia imprevista relazione espositiva, inoltre non mi ero reso conto del lungo tempo intercorso dal momento iniziale del nostro incontro.

Poi -improvvisamente- sentì come un sussurro, la voce era quella della "Amigdala".

"Tu Pessoa (anche adesso nuovamente notavo che lei continuava a cambiare il mio nome) continui ad esprimere la tua paura perché conosci il potere della mia attività cerebrale, ma non conosci il vero termine di questa parola.

Lo scrittore **Frank Herbert** nel suo Racconto **"Dune**" dà una spiegazione soddisfacente del termine "Paura":

"La paura uccide la mente.
La paura è la piccola morte che porta con sé l'annullamento totale.
Guarderò in faccia la mia paura.
Permetterò che mi colpisca e mi attraversi, e quando sarà passata non ci sarà più nulla, soltanto io ci sarò."

Le risposi immediatamente:

"Tu parli solamente di "paura", ma la vera "paura" sarò io a fartela conoscere; è una parola più terribile di quella che tu continui a citare; è qualcosa di terribile che nella sua tristezza -appare come un vento nero e fosco che tutto trascina- essa è: la "Solitudine"!

Tu "cara" Amigdala svolgi in solitudine il tuo "incarico" e te ne vanti, ma sai cosa veramente realizzi inconsciamente? Uno scopo prefissato di cui non conosci lo scopo e -quel che è peggio- non conosci gli altri organismi che inconsciamente collaborano con te, tu esegui e non sai il perché del tuo comportamento.

Il tuo funzionamento è solitario come gli altri organismi intorno a te.

A questo punto vorrei narrarti un fatto storico accaduto molti Secoli fa, quello riguardante una figura: **Menemio Agrippa Lanato:**

Ecco il suo Apologo:

Questo è un discorso rivolto ai plebei di Roma in rivolta.

Lui -per domare la rivolta in atto-parlò della importanza della collaborazione fra tutte le pari sociali.

Il singolo è una figura essenziale per la Società, ma se l'intenzione è quella di non voler collaborare con le altre realtà associative che lo circondano, allora lo stesso singolo scomparirà con la stessa Società.

A tale proposito, la scienza matematica, nella seconda metà del 1800, introdusse la "Teoria degli Insiemi":

Un "insieme" esiste quando si hanno dei componenti collegati fra loro. L'unica cosa che occorre è quella di definire -prima di procedere- la definizione dei singoli componenti.

Dopo un attimo di silenzio, volli esprimere un appello spontaneo:

"Aiutiamo noi stessi e avremo – reciprocamente- aiutato gli altri".

Se sapremo intendere i nostri limiti umani, i nostri difetti, le nostre qualità allora saremo accettati per le nostre vere identità nello scopo comune di formare una nuova Società, formativa di continui progressi sociali ed educativi per noi e per gli altri.

CAPITO QUINTO

Prologo

"Ogni novità implica la preventiva eliminazione del luogo comune cui eravamo assuefatti e che ci sembrava la realtà stessa".

Marcel Proust – "Alla ricerca del tempo perduto"

Per completare il mio Studio sul "Mistero della Grafologia" ho voluto riportare l'Analisi fatta da un anonimo grafologo nel "Processo del secolo", riguardante l'accusato di omicidio Ettore Grande.

Siamo in Italia nel 1946.

In merito, mi è parso importante riportare una efficace sintesi giornalistica del 7 luglio 2020, redatta da Paola Dassori:

"Il misterioso caso di Ettore Grande":

Il nome di Ettore Grande alla maggior parte di noi non dice niente, e invece nel periodo che va dal 1938 al 1951 era su tutti i giornali come protagonista di uno degli Affaires criminali più misteriosi del tempo".

La parola al Grafologo

Con questo titolo si apriva la pagina 2 del 2-3 novembre 1946 del Giornale "Corriere lombardo".

(L'articolo in originale è nelle mani dell'autore del presente libro.)

Sottotitolo (in caratteri cubitali):

“Nella scrittura di Grande egocentrismo, fantasia, ambizione.”

Nell’articolo vengono riprodotti alcuni brani della scrittura di Ettore Grande.

Questa scrittura riguarda una lettera -inviata il 17 settembre del 1945- al Difensore Avv. Delitala.

In tale lettera il Grande attesta la sua innocenza per quanto riguarda un misterioso delitto inerente la moglie Vicenzina Virando.

Prima di intraprendere l’analisi dello Studio presentato, è opportuno sintetizzare la vicenda di un delitto così emblematico.

Ettore Grande era imputato per l’omicidio della moglie Vicenzina Virando, trovata morta a Bangkok il 23 novembre 1938.

Dopo appena quattro mesi di matrimonio e uccisa da tre colpi di pistola.

Il grande era figlio di Stefano, professore e fondatore del Partito popolare italiano.

Ettore grande aveva intrapreso la carriera diplomatica, diventando Vice console in Siam, con sede a Bangkok.

Nel 1938 Grande sposa Vincenzina Virando e si stabilisce a Bangkok.

Il 23 novembre 1938, nella camera da letto, venne ritrovato il cadavere della moglie con ferite da arma da fuoco alla testa, tramite una pistola detenuta dal marito.

Venne sostenuta la tesi del suicidio.

La salma venne rimpatriata con la presenza del marito.

Ma chi era Vincenzina Virando detta “Nina”? All’epoca del suo matrimonio aveva 25 anni. Era figlia di un importante gioielliere torinese.

Era alta, bionda e -fornita dal padre- di una dote di un Milione di lire (il valore della lira nel 1938).

La Virando incontrò a Torino il Grande e dopo soli due mesi di fidanzamento, il 3 luglio 1938 si sposarono.

Poi insieme a Bangkok. Poi l'omicidio e poi il mistero.

Il 17 aprile 1939 il Grande venne arrestato, processato e condannato -l'11 aprile 1941- a 24 anni di reclusione per omicidio.

Fortunosamente venne liberato il 26 aprile 1945 dai partigiani dal Carcere di Voghera.

Preferì non fuggire e rimanere in attesa della revisione del Processo, avvenuta nel 1946 e venne assolto per insufficienza di prove.

Poi prosciolto, con formula ampia, il 18 dicembre 1951.

Tornando a leggere il giornale si può prendere atto della Perizia del grafologo:

"Nel saggio in esame la Scrittura si presenta tracciata con rapidità e disuguaglianza nella pressione e nelle forme grafiche, nelle quali è predominante la zona media del corpo di scrittura:

sono le caratteristiche dei temperamenti instabili, irrequieti, impulsivi, facili ai cambiamenti di umore, rivolti in particolare all'interesse personale ed alle preoccupazioni egocentriche e l'egocentrismo -dal quale qui deriva un carattere chiuso, ambizioso, incline ad intimi voli di fantasia, ed a false manifestazioni esteriori, desideroso di farsi valere ad ogni costo -è confermato nella Scrittura del Grande dai tratti ricalcati e dalla direzione sinistrorsa della Scrittura, che abbonda di angoli (**m – n – r - t** e persino la base delle **s** sono tutte angolate), è accompagnata da paraffi terminali uncinati, costellati di cavità tutte volte verso lo Scrivente, come negli **o** e nel rovesciamento delle **d** annodate.

Dal Processo abbiamo appreso che il Grande era piuttosto chiuso, che non mancava di ambizione e vanità, spinto com'era dal desiderio di ben arrivare in quell'ambiente che da tempo egli sognava e che alla giovane moglie aveva prospettato in una visione leggendaria e fantasiosa.

Queste sue tendenze dunque sono chiaramente rilevabili nella sua Scrittura."

La Perizia, poi prosegue, nel rilevare che:

"L a Scrittura del Grande ha anche un aspetto filiforme: osservandola si ha l'impressione che ogni parola sia costruita con le evoluzioni di un filo che sale, scende, si incurva, segna angoli, si distende.

Questa è la caratteristica dei ragionatori, di coloro che sanno tessere trame e facilmente sanno difendersi; è espressione di rapidità di pensiero, di raffinatezza, di pieghevolezza intesa come facile adattamento ad ogni situazione, circostanza, ambiente."

Terminata con queste parole la redazione dell'Esame grafologico, il giornalista conclude così il suo articolo:

"Dunque, anche con l'interpretazione grafologica resta l'interrogativo: è colpevole? è innocente?"

Tramite alcune riproduzioni fotografiche della Scrittura dell'imputato, allegate all'articolo del giornale, ho potuto -anche io- esprimere il mio personale Esame grafologico:

"L'Accusato è come un grande attore che sa calcare il suo Palcoscenico e sa usare la sua Scrittura come uno spartito teatrale.

Inconsciamente sembra che conosca il significato dei segni grafologici che usa per influenzare l'animo altrui.

L'uso delle maiuscole, assai intenso, gioca sulla possibilità duplice di rappresentare i suoi stati d'animo riferendoli a delle situazioni ambientali che variano in continuazione.

Il suo "**o** propulsivo" ingloba le altre lettere, facendo in modo che sia le **a** e che le **i**, mutano in continuazione atteggiamento, secondo degli istinti primordiali, quali l'ambizione e l'egocentrismo, nascondendo la coscienza nella lotta fra il bene ed il male."

Certamente, con le poche righe di Scrittura esposte nel giornale e specialmente con l'assenza di un testo originale, non si può dare una risposta definitiva relativa alla domanda posta, alla fine del suo articolo, dal giornalista: "Colpevole od innocente?"

Oggi, però, tramite le attuali conoscenze grafologiche si potrebbe dare una risposta definitiva a questa domanda.

Se il Grande fosse stato il vero assassino, avrebbe avuto un problema di continuità dopo la sua assoluzione; la sua "recita" grafologica avrebbe potuto reggere alla sua continuità mediante la propria Scrittura, inflessibile nel suo esame grafologico?

E' un altro interrogativo, forse importante nello stabilire definitivamente quale aspetto di quest'uomo avrebbe dovuto mostrare in difesa della sua immagine su un Palcoscenico casualmente dovuto calcare.

Noi siamo "Teatro" ed anche se non possiamo scegliere la Parte affidataci, recitiamola bene: il Pubblico siamo noi!

CONCLUSIONI FINALI

"La verità è sempre cinta di mistero, ossia è una ascensione ad altezze sempre crescenti, che non hanno giammai il loro culmine, come non lo ha la vita."

Benedetto Croce – "Filosofia della pratica"

Nel comporre il presente libro mi hanno rincorso numerosi personaggi, riportati con la loro espressività intensa.

Ricordi e studi mi hanno trovato ad ogni pagina del libro.

Tutto ciò con una unica finalità: conoscere gli altri, per meglio conoscere me stesso.

Nello svolgere il mio Studio, mi sono fatto assistere da due argomenti intuitivi:

"La Percezione" ed il "Metodo sperimentale".

La Percezione mi ha indirizzato ad utilizzare un processo psichico, operante come sinapsi dei dati sensoriali, usufruendo -nel contempo- dello studio della Psicologia, della Medicina, della Letteratura e della Filosofia.

Questa metodologia operativa imponeva una severa scelta di organizzazione dei dati sensoriali, tenendo anche in considerazione le informazioni pervenute e fornite da parte dei numerosi esami grafologici singolarmente effettuati.

Questa metodologia valuta tutte le percezioni ricevute, classificate ed individuate, mediante anche un continuo confronto con gli Studi storici inerenti alla stessa Grafologia.

Il Metodo sperimentale è stato adottato mediante un percorso psicologico, inerente ogni incontro grafologico, stabilendo così un continuo contatto con la memoria, operativa nei ricordi del passato tramite una forma associazionistica dei dati ricevuti.

Con tale Metodo si arriva a mantenere una continua comunicazione riflessiva e costruttiva.

Dalle esperienze così ottenute, si è potuto continuamente verificare le utili indicazioni dei Segni grafologici derivanti dall'esame di numerosi scritti, descriventi la propria coscienza, la propria memoria, la propria intelligenza e la propria sessualità.

Questa ricerca è stata indirizzata per stabilire dei probabili e sperati criteri oggettivi, riguardante il comportamento umano.

La domanda che io mi sono inizialmente posto nei miei Studi era questa:

"La Grafologia è un mezzo valido per arrivare a conoscere e ad aiutare e migliorare l'Uomo?"

La risposta è stata: "Assolutamente sì!"

Siamo tutti alla ricerca di svelare il continuo "Mistero della Grafologia" che si evolve con la Scrittura dell'Uomo con il variare dei Costumi ambientali.

La Grafologia è una scienza complessa ed ampia, ma affascinante.

La Grafologia ci porta a viaggiare nel nostro Mondo, a scoperte continue ed esaurienti e -pertanto- il mio augurio è quello di augurare a tutti: "Un buon viaggio attraverso la conoscenza della nostra Umanità!"

Post Scriptum

“ Ulalume” di Edgar Allan Poe

“I cieli erano cinerei e mesti;
le foglie, increspate e vizze-
le foglie, disseccate e vizze-
era notte, in quel solitario ottobre
del mio anno più immortale.

Si possono scegliere le date? Non tutte! Ad esempio: il compleanno, il Capodanno…

Io ho voluto scegliere una mia data, l’ho fissata, l’ho cercata.

Alla fine questa data l’ho avuta nel poter presentare questo mio Libro nel mese di ottobre.

Come scrisse il Poeta, questo sarebbe stato il mio anno “immortale”.

Speriamo! A voi Lettori il giudizio finale!

“La ricompensa per una cosa ben fatta è quella di averla fatta.”
Ralph Waldo Emerson (1803-1882)

Elenco di alcuni Testi che hanno creato la Storia della Grafologia

Ho pensato che sia stato opportuno, al termine della mia esposizione, elencare i numerosi Testi da me consultati e che hanno costituito il fondamento del mio percorso nello studio della Grafologia.

Migliavacca Marcello – "Grafologia" Ediz. Cappelli – 1954 (Il mio primo libro acquisito nel lontano 9 agosto 1962).

Astillero Raimondo – "Grafologia scientifica" Ediz. Cisalpina – 1980.

Bruni Paolo – "Manuale di Grafologia" Ediz. Vallardi – 2006.

Bidoli Sante – "La psicologia della Scrittura" Ediz. Longanesi-1979.

Crepieux – Jamin J. – "Le basi della Grafologia" Ediz. F.lli Bocca – 1929.

"Il carattere della Scrittura" Ediz. Quattroventi – 1985.

Crotti Evi – "Dimmi come firmi" Ediz. Mondadori – 2011.

Magni Alberto – "Grafologia" Ediz. Red – 1994.

Chinaglia Carlo -Triscoli Edoardo – "Grafologia" Ediz. Airone –1994.

Ceccarello Luigi – "Dizionario dei tratti del carattere attraverso la psicologia della Scrittura" Ediz. Del Faro – 2017.

De Maublanc Helene – La Grafologia ed il Metodo Siant Morand – Ediz. Epsylon 2017.

Klages Ludwig – "La scrittura ed il carattere" Ediz. Mursia-1982.

"Perizie grafologiche su casi illustri" Ediz. Adelphi-1994.

Joire Paolo – Trattato di grafologia scientifica" Ediz.Mercurio-1932.

Lurija Aleksander – "Neuropsicologia del linguaggio grafico" Ediz. Messaggero-1984.

Livatino Candida – "I segreti della scrittura" Edix. Pickwic k-2014.

Gilbert – Chardon – "Analizzare la scrittura" Ediz. Meb-1995.

Moretti Girolamo – "Perizie grafiche" Ediz. L'Albero-1942.

"Grafologia pedagogica" – Ediz. Messaggero – 2002.

"Trattato di grafologia" Ediz. Messaggero – 2016.

Pulver Max – "La simbologia della scrittura" Ediz. Boringheri – 1983.

Palaferri Nazzareno – "Dizionario grafologico " – Ediz. Ist. Grafologico Moretti – 1983.

Paschero Marisa – "Iniziazione alla grafologia" – Ediz. Mediterranea – 2019.

Rossi Lecerf Jeanne – "Grafologia, scrittura e personalità" – Ediz. Seda.

Romagnoli Bianchi Rosanna – "Grafia e sessualità" – Ediz. Mondadori – 1995.

Torbidoni Lamberto – **Zanin Livio** – "Grafologia" – Ediz. La Scuola – 1974.

Vian Giovanni –"La scrittura rivela il carattere"-Ediz. Hoepli-1946.

Vettorazzo Bruno – "Grafologia Giudiziaria" Ediz. Giuffrè – 1987.

Zanetti – Rollandini –"Grafologia" Ediz. Minerva medica-1941.